ルポ

“霊能者”に会いに行く

「本物」は存在するのか

友清 哲

PHP

はじめに

いつの世も、占いは老若男女を問わず人の関心を引き寄せ、夢中にさせる魔力を秘めています。血液型占いや星座占いなどは、その筆頭《ひっとう》と言っていいでしょう。

しかし、昔からこうした占いの類《たぐ》いに、どうにも興味が持てずにいるワタクシ。周囲が血液型占いで盛り上がっているのを横目に、「だったらゴリラはみんな同じ性格なのか⁉」（※ゴリラはすべてB型という説がある）とか、「交通事故に気をつけなければならないのは当たり前だろ！」などと、内心で毒づくこともしばしばです。

なぜ人は、これほどまでに占いにハマるのでしょうか。

以前、血液型占いの信憑性《しんぴょうせい》についてある生理学者に取材させてもらった際、「科学的に見て、血液型に性格を左右する因子《いんし》なんてありませんよ」と明言されたことがあります。ただし、その先生は笑いながらこうも付け加えました。

「とはいえ医局でも、医師や看護師たちが楽しそうに雑誌の占いコーナーをチェックしている様子をよく見ますけどね」

僕が占いを敬遠するようになったのは、実は明確な理由が存在しています。それは、フリーライターとしてまだ駆け出しだった頃、ある月刊誌の占いコーナーの〝ゴーストライター〟をやっていた経験があるからなのです。

それなりに著名な占い師の名を冠した星座占いのコーナーでしたが、その先生と顔を合わせる機会はついぞ一度もなく、毎月何らかのデータが送られてくるわけでもありませんでした。つまりは完全なる創作を求められた仕事で、十二星座それぞれに「ささやかないいことがありそう」だの、「油断すると風邪をひきやすいので注意」だの、誰にでも当てはまりそうな戯言《ざれごと》を並べるのが僕の役割。

ラッキーアイテムのネタに困ると、自室をざっと見回して、「乙女座は腕時計でいいや」、「魚座はブックカバーでいこう」といった調子で、とにかく何でもいいから十二個のアイテムを埋めていたのを思い出します。

その記事を見て全国の読者が一喜一憂していたかと思うと、申し訳ない気持ちでいっぱいになりますが、そういうおおらかな時代だったのです（かれこれ四半世紀も前のことなので、時効ということで何卒《なにとぞ》……）。


ただ、誤解しないでいただきたいのですが、占星術にせよ四柱推命《しちゅうすいめい》にせよ、体系立った理論やデータに基づいた占いはたくさん存在しています。僕が書いていたような、いい加減な占いばかりでないことは、長くメディアに携わってきた身としてよく理解しています。

しかし、ごく一部に紛《まが》い物が存在しているとしても、我々に真贋《しんがん》を判断する術《すべ》はありません。当たるも八卦《はっけ》……は占いの大前提ではありますが、そもそもの根底から疑ってかからねばならないとなると話は別でしょう。

ならばいっそ、占いではなく「私には不思議な力があります」と言ってくれたほうが、よほどスッキリするのではないか――。

いつしかそう考えるようになった僕は、気がつけば「占い師」ではなく「霊能者」と名乗る人物を片っ端からめぐるようになりました。二十年以上にわたるその活動こそが本書の源泉であり、僕は覆面調査員のごとく、勝手に東奔西走《とうほんせいそう》してきたのです。

つまり、世の中に数多《あまた》いる自称・霊能力者たちと対面し、ミシュランよろしく身を以《もっ》てその能力を見極めようというのがこの取り組みですが、どちらかと言えば道場破りのイメージに近いかもしれません。

もともと大のオカルト好きであることも手伝って、「せめて十人に一人でも三ツ星級の本物がいれば儲けもの」との思いから、東に霊視《れいし》能力を持つ先生がいると聞けばすぐさま駆けつけ、西に自分の前世を教えてくれる先生がいると聞けば飛びつくことを繰り返し、気がつけば対峙《たいじ》した霊能者の数は三桁に達しました。

なお、僕は本物の霊能者を追い求める上で、三つのルールを設けています。

まず一つ目は、「占い師」ではなくあくまで「霊能者」をターゲットとすること。占い師を名乗っているならそもそも真贋を問うものではありませんし、何より数が多すぎてキリがない。そのため、「私には不思議な力があります」と言っている人物に絞るのが基本方針です。ただし、なかには占いの看板を掲げながらその実、科学で説明のつかない冴《さ》え渡った鑑定をやってのける先生もいるので油断できません。隠れた本物を取りこぼさないために、ある程度フレキシブルに考えるようにしていることをお断りしておきます。

二つ目は、鑑定料を値切らないこと。基本的に八割方はインチキだと思ってカウンセリングに臨んでいる僕は、いわば冷やかしに近い輩《やから》です。だからといって、失礼な態度で挑むことはなく、真剣に話をお聞きするスタンスですが、仕事柄こうしてちゃっかりネタにさせてもらうこともあるので、少しくらい鑑定料が割高でも不平不満を言うのはなしにしようというわけです。

そして何より重要なのが三つ目のマイルール、本当に悩んでいる時は霊能者に会わないこと。激しく落ち込んでいたり、深刻なトラブルを抱えていたりする時に、うっかり自称・霊能者の口八丁《くちはっちょう》にのせられるようではいけません。自分にそんな可愛げがあるとは思えませんが、ミイラ取りがミイラにならないよう念のための自衛策として、そうした心当たりがある時は霊能者には接触しないことを僕は原則としています。

結論から言えば、大多数がインチキ（あえてこう言い切ります）でありながら、〝いい線いってる人〟や、「え、なんでそんなことがわかるの⁉」と慄《おのの》くレベルの人にも、ちゃんと出会うことができました。

本稿はひたすら霊能者たちと対峙してきた僕の体験を皆さんと共有することで、インチキの手口を周知したり、まだ見ぬ世界への興味を喚起《かんき》したりすることを目的としています。

ともあれ、肩肘《かたひじ》張らずに「霊能者vsフリーライター」のルポルタージュとして、ご笑覧いただければ幸いです。

それではさっそく、具体事例を見ていきましょう――。

ルポ〝霊能者〟に会いに行く　目次

CASE9
〝天使の使い〟を名乗る美少女系霊能者

CASE10
知られざる実力派⁉ 謎めいた初老コンビ

CASE 11

思いがけない出会いが続々⁉ 宮崎ツアー回顧録

CASE 12

祟《たた》りに怨念《おんねん》、前世の因縁。脅《おど》し文句だらけの六〇分！

CASE 19
不思議な料理人が作るヒーリングフードの世界とは⁉

装丁 bookwall
装画 うのき
挿画 斉田直世

ルポ〝霊能者〟に会いに行く

――「本物」は存在するのか

CASE 1

〝獅《し》子《し》〟の力を宿した能力者

「占い師を探してるんだって？　よく当たると評判の先生がいるけど、紹介しようか」

長らく霊能者を探し続けてきた賜物《たまもの》で、最近ではこうした声をかけてもらえる機会が増えました。

ただ、そのたびに「いえ、探してるのは占い師じゃなくて霊能者です」と訂正しなければならないのが厄介《やっかい》なところで、たいていの人には「それ、占いと何が違うの？」と怪訝《けげん》な顔をされてしまいます。

しかし、クチコミでは「占い師」として名が通っている先生でも、丁寧に話をひもといてみると、何らかの不思議な力を謳《うた》っている事例が意外と少なくありません。数年前に僕の耳に飛び込んできたその人物も、当初は「ライオン占いの面白い先生がいるけど、会ってみる？」と、なんだかおかしなタレコミから始まりました。

動物占いならぬライオン占い。これはもう子供だましの臭いがぷんぷんします。それでも僕が神奈川県の奥地まで足を運ぶ気になったのは、仲介人の次のような説明に惹かれたからでした。

「なんでもその先生、ライオンの守護霊に護《まも》られている、世界でも稀有《けう》な人なんだってさ。うちの親が懇意にしていて、たまに俺のことも勝手に聞いてくれるんだけど、確かに子供が産まれる時期なんかもその先生の言う通りになったんだよな……。ちょっとクセの強い人らしいけど、興味あるなら紹介するよ」

正直、ライオンの守護霊云々《うんぬん》というのはマイナス材料でしかないのですが、出産の時期を当たというのは少し気になります。

少なくとも話の種にはなりそうですし、僕はさっそく面会を申し入れ、指定された日時にライオン先生の元へと向かったのでした。

文字通りライオンの皮をかぶった〝先生〟が登場

都内から東名《とうめい》高速を経由して降り立ったその地域は、豊かな自然に囲まれた街で、ライオンとは言わずとも、確かに様々な野生動物と触れ合えそうな雰囲気が漂っていました。

目当ての人物は自宅をサロン代わりにしているようで、教わった住所を頼りにたどり着いたのは、小綺麗《こぎれい》な一戸建て。家の前に車を停めてインターホンを鳴らすと、夫人と思《おぼ》しき初老の女性が「お待ちしてました」と迎え入れてくれました。

まずはリビングのダイニングテーブルに通され、お茶をいただきながら差し出された用紙に名前や住所、生年月日、血液型などを記入します。少し見回した感じでは普通の住宅で、とてもライオンの霊を飼っているようには見えません。ほどなく、夫人からこう説明がありました。

「今、先生が準備されていますので、少しだけお待ちくださいね。先に料金のご説明をさせていただきますと、一時間で二万五〇〇〇円。ご延長される場合は三〇分につき一万円で承《うけたまわ》りますので、その場で先生に伝えてください」

自分の夫のことを「先生」と呼ぶんだ……と、ちょっと引いてしまった僕ですが、霊能者たるものこうした演出も大切でしょう。料金も街の占いと比べれば高いものの、霊能者としてはよくある価格帯。「わかりました」と返しながら、早くも僕の胸は高鳴っていました。一体、どんなセッションが待っているのでしょうか。

それからおよそ五分。どうやら「先生」の準備が整ったようで、夫人から別室へ移動するよう案内されます。通されたのはカウンセリング用のテーブルセットを置いた六畳ほどの和室でしたが、細かな内装よりも真っ先に目を奪《うば》われたのは、「先生」の出《い》で立ちでした。

「お待たせしてすみませんね」とにこやかに会釈《えしゃく》をする和装の男性は、ライオンを模した奇妙な被り物を頭にのせていたのです。

想定外の出《い》で立ちに一瞬怯《ひる》むも、カウンセリング開始！

被り物といっても、頭部をまるごと覆うマスクマンタイプのものではありません。獅子の顔面をかたどった木製のカチューシャのようなものに、布（あるいは羽根かも）を扇状《おうぎじょう》に飾り付けた代物《しろもの》です。

これは予想外の展開。思わず怯んでしまいましたが、イジらないのもかえって不自然な気がして、「おお、なんだかスゴいですね」と、自分でもよくわからない第一声を発しながら、僕はライオン先生の正面に腰を下ろしました。

「遠くまでわざわざお越しいただいて……」とか、「この地域へ来るのは初めてですか?」といった、ありがちな前口上《まえこうじょう》に適当な相槌《あいづち》を打ったあと、カウンセリングスタートです。

「さて、今日は何かお悩みがおありですか」

これまでの経験上、霊能者の口火の切り方には大まかに二通りあって、「何を知りたいですか?」と聞いてくるパターンと、自ら勝手にいろいろ話し始めるパターンのいずれかが王道。ライオン先生は前者のようです。

こんな時、僕はお決まりのテーマ三点セットを用意しています。それは仕事・健康・結婚です。

これはそれぞれ本当に知りたいことでありながら、質問をぶれさせないことで様々な霊能者の対応を定点観測しようという思惑からのこと。仕事面でいえばフリーランス（個人

事業主）なので将来の保証などありませんし、体が資本だからやっぱり健康面は気になります。また、結婚は経験しているものの、凝《こ》りずに再びチャンスを模索しているというのが僕のステータスです。

相談事としてこの三点セットを告げると、ライオン先生は「じゃあ、健康面から行きましょうね」と言いい、しばらく目をつぶって数珠《じゅず》をしゃりしゃり鳴らし始めました。そしておもむろに、「うん、だいぶ疲れてるね。とくに……これは頭のほう、眼かな」とつぶやくように言います。

「あのね、眼というのは情報を受け取るだけの器官じゃないんです。人間にとって大切な発信器でもあるの。あなたの場合、眼を酷使《こくし》し過ぎているからその発信器の機能が鈍《にぶ》り、この世界の中における自分のポジションが揺らいでしまうの。わかる？」

いや、わかんない。などと答えるわけにもいかず、ひたすら「はあ」「なるほど」と受けに徹する僕。

「インドには古来、グリフォンという獅子と鷲《わし》が融合した生物が伝えられているんだけど、知ってるかな。これは大地（獅子）と大空（鷲）の両方に、しっかりとポジションを持つ強い神様の姿を表しているの。でも、牙《きば》も羽も持たない人間は、眼でそのポジションを発信していかなきゃいけないわけ。わかる？」

やっぱりわからないのですが、要は、眼のコンディショニングを重視するのが、体のバイオリズムを整える第一歩なのだと言いたい様子。ここで獅子を持ち出すあたり、ライオン先生の芸風は一貫しています。

なぜか突然、豹変したライオン先生

「あと、気になるのは胃腸だね。これは……（数珠をしゃりしゃりしながら）、うん。食生活が不規則なんだ。もしかして、一日三食とらなきゃいけないと思ってない？　本当の規則正しい食生活って、そういうことじゃないんだ。獅子はお腹が空いた時しか狩りをしない。つまり、お腹が空いてもないのに食べるのは不調の元なの」

「いえ、たいてい一日二食しかとってないんですが……」

「同じことだよ！　そういう規則性にとらわれるのがいけないんだ」

合間合間に数珠をこすりながら、だんだんライオン先生の口調が熱を帯《お》びてきます。

このあと、仕事や結婚についてもいろいろ言われたのですが、すべて獅子とやらを通した謎の世界観に照らし合わせて語られるので、あまり参考になりません。

科学的なエビデンスのないことを、もっともらしいたとえ話を交えてまくしたてるのは、わりとよくある手口です。

（これは、ハズレだったか……）

常に本物の能力者との邂逅《かいこう》を期待している僕は、内心ですっかり落胆していました。

「眼が疲れている」、「胃腸が疲れている」、「食生活が不規則」というのは、大半の現代人に当てはまる便利な言葉です。あとは相手の表情を見ながら、相手のノリに合わせてそれらしく助言を補強していくのがこの分野の王道メソッド。おそらく、仲介人の出産時期を当てたという話も、こうしてペースを握った上で、何らかの誘導があったと考えるのが自然でしょう。

しかし、そこそこのコストを引っ被っている僕としても、このまま手ぶらで帰るわけにはいきません。一方的にしゃべり続けるライオン先生を適当なタイミングで遮《さえぎ》って、こう水を向けてみました。

「――ところで、先生はなぜ獅子の加護《かご》を受けているんですか？」

この質問は満更でもなさそうで、ライオン先生はニヤリとしながらお茶をひとくち啜《すす》りました。きっと「ライオン」ではなく「獅子」と言ってあげたのがよかったのでしょう。

ライオン先生は我が意を得たりといった調子で、ライオンのたてがみが何のためにあるか、古代からいかに百獣の王としての地位を守ってきたか、実は温厚な性格でめったに人を襲うことはないといったことなどを、ノリノリで語り続けます。でも、どれもネット検索で出てきそうな豆知識ばかり。これで二万五〇〇〇円も取られるのはイヤだなあ。

「あの、先生。ラ……獅子の生態はよくわかりました。その獅子の霊が、どうして先生の守護霊をやってるんですか？　できれば僕も獅子に護られたいんですけど」

このひとことが地雷でした。ライオン先生は表情を一変させ、テーブルをバン！と叩いて怒鳴るようにこう言いました。

「そんなこと、簡単に言うもんじゃないよっ！　誰でも護ってもらえるなら苦労はないでしょ！　百年早いってんだよ、まったく」

突然の激昂《げきこう》ぶりに、目が点になる僕。あんただって百年も生きてないだろ、と思わなくもなかったですが、ここでちょうど一時間が経ちました。とても延長を言い出せるムードではなく、僕は非礼（なのか？）を詫びつつお礼を言って、和室から退散したのでした。

最後、見送ってくれた夫人に料金を渡す際、「たまにね、ああいうことがあるんです。あまり気になさらないでくださいね」と言われましたが、いやいや甘やかしすぎでしょ。

結局、ライオンの守護霊の謎は解けないまま。帰路はハンドルを握りながら、ただただ悶々《もんもん》とした感情を処理することに専心するしかありませんでした。仲介してくれた知人の顔を潰《つぶ》してしまったかもしれないなと、ちょっと申し訳ない気持ちになりましたが……僕、そんな悪いこと言いましたかね？

パワハラ、モラハラがますます問題視される令和になってから振り返ってみれば、こういう激情型のおじさんにとっては、すっかり生きづらい世の中になりました。見ようによっては絶滅が危惧《きぐ》されているライオンのような人だったなと、あの獅子の被り物が懐かしく思い返されます。

CASE 2

関西で暗躍《あんやく》する〝夜の蝶《ちょう》〟と飲んでみたら……

懐かしの「マーフィーの法則」に、探すのをやめるとそれは見つかる、という有名な一節があります。

これは本当に言い得て妙《みょう》で、たとえばコンビニエンスストアやガソリンスタンドなど、求めていない時は山ほど見かけるのに、必要な時にかぎってなかなか見つからないというのは、いかにもありがちなこと。実はこれ、僕が長年取り組んでいる霊能者探しにも、同じことが言えるんです。

日頃から周囲に「占い師ではなく霊能者を探しているのですが」と聞いてまわり、情報収集に努めている僕ですが、「どこそこにこんな凄《すご》い人がいるよ」とか、「昔こんな人に視《み》てもらったことがある」などと、集中的にネタが持ち寄られる時期もあれば、まったくの梨《なし》のつぶてということだって珍しくありません。

もう何年も前の話になりますが、その頃の僕は不発《ふはつ》続き（つまりインチキばかり）でちょっと腐っていました。評判倒れのお粗末な手口が立て続き、かといってネタになるほどエキセントリックでもない霊能者ばかりで、こうなると二万、三万円の鑑定料が惜しくなり、「もう、こんな活動辞めてしまおうかな」とすら思い始めていました。

そんなある日、友人から誘われて何の気なしに飲み会に顔を出したら——いたんです。

「私、視えちゃうんですよ」とのたまう御仁《ごじん》が。

今回ご紹介するのは、関西在住のある女性霊能者のお話です。

きっかけは友人Aのミステイクから

その日、僕は大阪で取材があり、朝一番で新幹線に乗り込みました。

そして簡単なインタビューを一本終えて、昼過ぎには早くも自由の身に。いつもならすぐ都内にUターンするところですが、この日は久しぶりに関西在住の友人A君と飲み明かそうと、梅田《うめだ》駅付近の安ホテルを押さえていました。

すると日没後、仕事を終えたA君から思いがけないメールが。

「今夜、他に友達を何人か呼んでもいいかな？」

「別に構わないけど」

「よかった！　じゃあこのあと十九時にお店を予約してるから、直接来てね」

ほうほう、妙に手際《てぎわ》がよろしいですな。そんな若干の違和感を飲み込みながら指定の居酒屋へ行ってみると、八人用の個室に通されまして、そこには妙齢《みょうれい》の男女がちらほらと着席していました。

そういえばこの日は金曜日。すぐに察しました。要はコイツ、僕との約束を忘れて、うっかり合コンをダブルブッキングしていたわけです。直前でそれに気づいたA君は、わざわざ東京からやって来た僕を切るわけにもいかず、「だったらメンツに入れてしまえ」と迷采配をふったのでしょう。

おかげで八人テーブルに九人詰め込むはめになって窮屈《きゅうくつ》だし、男女比が五対四と歪《いびつ》になるし、既存の男性メンバーにとって僕は迷惑この上ない存在だったに違いありません。

とはいえ、ここまで来て「帰ります」とも言えず。成り行きながら大阪・夜の陣《じん》が幕を開けたのでした。

知らずにチェックインしていた〝お化け〟ホテル

最初のうちこそ、男性陣からの「こいつ誰?」的な視線がちくちく痛かったものの、考えてみれば旅先で地元の女子と飲めるなんて僥倖《ぎょうこう》もいいところ。後述する理由によりこの時期はだいぶご無沙汰していたものの、僕は本来、合コンが嫌いではありません(キリッ)。

そもそも関西の合コンなんて新鮮そのもの。さぞコテコテのノリではっちゃけるのだろうとワクワクしていましたが、実際はそうでもなく、男性陣はわりとおとなしめな人ばかり。むしろ女性のほうが元気で、東京から突然やってきた僕に興味が集まり、なかなか気分が良かったのを覚えています。

そして開宴《かいえん》から二時間ほど経った頃――。それなりに打ち解け、ほどよく酔いがまわってきたタイミングで、男性の一人が僕に「そういえば自分、今日どこ泊まるん?」と聞いてきました。

僕が適当に押さえたおんぼろホテルの名を告げると、数名が「おお」と色めき立ち、ニヤニヤした顔をこちらに向けました。

「え、何かあるんですか?」

「いや、そのホテルって、こっちでは有名なお化けホテルやから……」

「うそ、出るの?」

するとほかの男女も「こっちではわりと有名やんなー」とか、「おれは絶対に泊まりたくない」などと口々に言い始めるではありませんか。

すでにチェックイン済みの僕としては胸中穏やかではなかったのですが、他人の不幸は蜜《みつ》の味。これを機に怖い話大会が始まってしまい、場は思わぬ方向に盛り上がっていきました。

オーラの色から過去・現在・未来を霊視《れいし》する女

それぞれがひとしきり手持ちの怖い話を出し切ったあたりで、女性陣の一人が隣りの女性を指差しながらこう言いました。

「そういやこの子、けっこう視えんねんで」

おもむろにスポットがあたったのはユカリさん(仮名)という女性。仕事は歯科衛生士か何かだったと記憶していますが、どちらかというと水商売風の派手《はで》な服装で、キャバ嬢というよりは高級クラブにいそうな感じ。率直に言うと、なんかエロいのです。

それゆえ男性陣からするとハードルの高さを感じてしまうユカリさんですが、きっとみんな、ずっと彼女が気になっていたのでしょう。「視える」などというパワーワードが呼び水となり、男性陣の質問がユカリさんに集中します。「え、幽霊とかが視えるん?」とか「俺の前世占ってよ」とか「僕はいつ彼女できる?」とか。

当のユカリさんはといえば、自分に注目が集まるのは満更《まんざら》でもないようで、ひとつひとつの質問にわりと丁寧《ていねい》に答えていました。聞けば、紹介制でたまに有料カウンセリングも行《おこな》っているのだそう。

つまり相手はセミプロ。ならば僕もミシュランしないわけにはいきません。場が落ち着くのを待ってから、こう切り出してみました。

「――ユカリさんは、具体的には何がどう視えてるんですか?」

前世だ何だと無邪気《むじゃき》に盛り上がっているところで、急にシステム面に言及した僕に対して、彼女は少し居住《いず》まいを正したように見えました。そしてこう答えてくれたのです。

「オーラというか、人が発している色が視えてる。言葉で入ってくるわけではないんやけど、その人の今の状況とか、過去とか、これから向かう方向がぼんやりと伝わってくる感じかな」

ほうほう。これまで僕が立ち会ってきたオーラ視える系の霊能者と、およそ言い分は合致しています。これは期待できそう!

ただ、酒場のノリとはいえ、プロを相手にその場で「ちょっと視てみてよ」とはなかなか言い難《がた》いものです。でも、そこはさすが霊能者。僕のそんな内心をちゃんと読み取ってくれたのか、向こうから勝手にしゃべり始めました。

「あなたははっきりとしたオレンジやね。クリエイティブな仕事に向いてる人の色」

僕の顔――厳密《げんみつ》には耳の後ろのほうを眺《なが》めながら、ユカリさんがそう言うと、周囲の男女が「おお」とザワザワし始めました。

僕は僕で、それは白熱球の光の加減なのではないかと思わなくもなかったですが、このコメントに悪い気はせず。「へえ、それは嬉しいなー」と肯定的なリアクションをお返ししました。

実際、ライターのような中途半端な物書きというのは、クリエイター扱いされると悪い気がしないもの。霊能者を自称する人は総じて、こうした人心掌握術《じんしんしょうあくじゅつ》に長《た》けたタイプが多い気がします（だからインチキでも客がつくのでしょう）。

でも、そもそも職業については自己紹介タイムにお伝え済み。これをもって本物認定するほどこちらも甘くはありません。「じゃ、過去とか今の状況についてはどう視えてます？」とやってみました。すると。

「すごーく運の強い人やと思う。いろいろあったはずだけど、強烈に護《まも》られてるから大事に至らなかった人。心当たりあるんちゃう？」

「はあ、言われてみれば」

「自分のやりたいことは、きっと我慢せんほうがいいと思う。そういう直感で動いても、ちゃんと護ってくれる人がいるから、たいてい良い方向に運ぶはず」

「護ってくれる人？　おばあちゃんかな」

「わからんけど、そうかも」

言葉巧みに〝信じたい〟欲をくすぐる手腕

ここで外野《がいや》から、「恋愛運はー？」と茶々《ちゃちゃ》が飛んできました。このあたりはやはり合コンのノリです。僕としても、もともと仕事・健康・結婚は三点セットですから、渡りに船と言っていい展開。するとユカリさんは……。

「うーん、この人はしばらく特定の相手には落ち着かんと思う。だって、気づいてるかどうかわからんけど、何人か候補がいるから。今を楽しもうとしてる感じがするわー」

なるほど、そう来たか。「気がついてないかもしれないけど何人か候補がいる」というのは、実にうまい物言いです。こちらに心当たりがなくても、密《ひそ》かに自分のことを想っている人がいるモテ状態とも拡大解釈できるから、いい話なので反論したくありません。というか積極的に信じたい。

しかし、この時点で僕は完全に結論を得ていました。

短いセッションの中で、ぼろが出にくい上手な言い回しに終始していたユカリさんは間違いなく手練《てだ》れの部類ですが、残念ながらクロ（インチキ）と言わざるを得ません。だって僕、この時は既婚者だったんですもの……。

幹事のA君の手前、自発的に既婚をアピールすることは控えていましたが、最近こうした場とご無沙汰していたのもそれが理由です。指輪もしてないし、結果的にすごく意地悪な引っ掛け問題みたいになってしまいました。

そんな申し訳なさを心に秘《ひ》めつつ、内心すっかりしらけてしまった僕は、これ以降、「ほうほう」「へえ」「なるほど」を自動的に繰り返すｂｏｔ《ボット》のようなキャラに徹《てっ》するしかありませんでした。

解散後は、お化けホテルでちょっとした物音にビビりながら眠れぬ夜を過ごした僕。意地悪の罰《ばち》が当たったのかもしれません。

まあ、しかし。期せずして参加することになった久々の合コンは、純粋に楽しかったです。もっとも、僕はこの大阪の夜から二、三年後に、再びシングルに戻って合コン三昧《ざんまい》の生活を送ることになるんですが……。そこまで言い当ててくれたら本物認定だったのに、残念。

CASE 3

京都からやってきた出張霊能者の実力は⁉

数年前のことです。行きつけのバーのバーテンダーが、おもむろに「実はそろそろ独立して自分の店を構えたいと思ってまして……」と言い出しました。

プライベートでもお付き合いさせていただいてる人なので、これはめでたい話。聞けば、すでに具体的に物件探しまで始めていると言います。

「資金調達はこれからなんですが、とりあえず動いてしまおうかと」

「いいじゃないですか、勢いは大事だし。ちなみにどのあたりで考えてるんですか?」

「三軒茶屋《さんげんぢゃや》に気になる物件がひとつ見つかりまして。来週、見てもらう手筈《てはず》になっているんです」

「見てもらうってのは、誰に?」

「あ、いつもお世話になっている霊能者の先生です」

完全に油断していたのでバーボンを噴きそうになりましたが、予期せぬところで霊能者情報が飛び込んできました。〝見てもらう〟ではなく正しくは〝視てもらう〟という微妙なこのニュアンスの違い。これはぜひ僕も一枚噛《か》ませていただきたいお話です。

出会い頭《がしら》の強烈な一発……!

バーテンダー(以下、Tさんとします)の話によれば、もともとは常連客の紹介でやってきたというその先生は、アラフィフの中年男性。普段は関西方面に住んでいて、東京に来た時にふらりと店に立ち寄ることがあるのだそうです。

他に本業を持たない専業霊能者で、Tさんもこれまで、自宅を引っ越す際に方位の相談をするなど、事あるごとにアドバイスを受けてきたとか。

「来月、東京にいらっしゃるそうなので、視てもらうことになっているんです。よかったら友《とも》清《きよ》さんの分も予約しておきましょうか？」

もちろんこの誘いに飛びつかないわけがありません。首尾よく、翌月のアポイントが成立しました。

しかし、問題は面会場所です。その先生は東京に拠点を持っているわけではないので、Tさんはいつも喫茶店でお会いしているのだそう。でも、公衆の面前でおっさん同士が「運命がどう」とか「守護霊がどう」とか語り合うのはちょっと恥ずかしい。

結局、悩んだ末に僕の自宅に来てもらうことになりました。出張霊能者なんて、初めてのパターンです。これは贅沢《ぜいたく》！

さて、面会予約をした当日。約束の時間きっかりに我が家のインターホンが鳴りました。モニターに目をやると、案内役のTさんと一緒に、やや小柄な男性が玄関前に立っているのが見えます。そして振り返って廊下の先を指差しながら、Tさんに何やら耳打ちをする様子が映っていました。

すぐに玄関を開け、軽く挨拶をしながら二人を中へ招き入れようとしたところ、先生はニコニコと微笑みながらとんでもないことを言い出しました。

「あの、エレベーターを降りてすぐのスペースのところ、一人いますね。ご存じでした？」

この〝一人〟というのは当然、霊的なアレでしょう。もちろんご存じなわけがありません。

「え、そうなんすか？（汗）」

「うん、男性の方ですね。ここに住んでた人ではないみたいですけど」

先ほどモニターの中で背後を指差して何やら言っていたのは、そういうことだったのか。真に受けたわけではありませんが、ここで僕は霊能者を自宅に招くことの大きなリスクに気づいてしまいました。

（これ、家の中で同じようなことを言われたらたまらんぞ……）

こんな活動をしておいてナンですが、僕は人一倍の怖がり屋さんなのです。もしも知らずに霊と同居しているのであれば、そのまま知らずにいたいもの。しかしこの調子では、部屋に通した瞬間に何を言われるかわかりません。

かといって今さら場所を変えるわけにもいかず、僕は二人をおっかなびっくりリビングのソファへと案内したのでした。

幸い、「この部屋にも一、二人いますね」などと言われることはなく、先生はうちの飼い猫を相手にしばしデレついています。その様子からはただのおっさんにしか見えないのですが、ほどよきタイミングでカウンセリングスタート。

家系図から読み取る霊的メッセージ

「さて、どんなことをお聞きになりたいですか」

「では、まず仕事のことからお願いします。僕、フリーの物書きをやってるんですけど、このまま続けていて大丈夫ですかね？」

僕にとってお決まりの質問を、軽いジャブとして一発。先生は「大丈夫だと思いますよ」、「向き不向きでいえば向いています」、「ただ、仕事量は気をつけてセーブしてくださいね」などなど、まあ無難なご回答。

続けて健康面や結婚についても話を振ってみますが、これらも耳に心地のいいアドバイスがいくつか返ってきた感じで、驚きを伴《ともな》うようなコメントはありません。ただ、合間に方位学《ほういがく》や易学《えきがく》らしき知識を織《お》り交ぜながら、親身にこちらの人生を肯定してくれるので、気分よく会話が進みます。

「――あ、ただ。ご先祖供養《くよう》はちゃんとしたほうがいいですね。仏壇はご実家ですか？」

「そうですね。帰った時には必ずお線香をあげるようにしてはいますが……」

「さっきからずっとね、ご先祖様が寂しがってるんですよ。毎日仏壇にお参りするのは無理にしても、お花を生けて手を合わせて、心の中で名前を呼んであげてください。それで十分ですから」

どうやら先生は僕のご先祖様とのコミュニケーションが成立している様子。果たして、寂しがってるご先祖様というのは誰なのか。名前を呼んであげようにも、僕は祖父母までしか認識していません。

「本当はね、家系図があるといいんですよ。家系図は情報の宝庫で、血筋《ちすじ》だけでなく、あなたがこの世でどういう役割を担《にな》うべきなのかまで読み取れますから」

「あ、それならぜひ見てください。実は、家系図だけはなぜかうちにあるんです」

先生いわく、家系図を見れば、その姓と系図に込められた霊的な意味合いが紐解《ひもと》けるのだそう。「私が今こういうことを生業《なりわい》にしているのも、それが与えられた役割だからです」とも言ってました。

真偽《しんぎ》はさておき、ようやくスピリチュアルなアドバイスにたどり着けそうです。

なぜ先祖供養が必要なのか

仕事部屋の書棚の奥から家系図を引っ張り出し、リビングのテーブルの上に広げます。しばらくそれを、「ほうほう」、「なるほど」と言いながらまじまじと眺める先生。

そして、家系図の中からある人物の名前を見つけると、「おや、これは……」と反応しました。実はうち、あの東条英機《とうじょうひでき》の親戚にあたるらしいのです。

「血は繋《つな》がってはいないんですけどね。親父は子供の頃、よく東条家の庭で遊ばせてもらっていたようです」

「なるほど、やっぱりそうですか」

さして近い関係ではないものの、東条英機の親戚筋であるというのは話の種になりそうだと、実家から家系図を持ち出してきたのが数年前のこと。まさか、こういう形で役に立つ日が来るとは。でも、何が「やっぱりそう」なのかはわかりません。

「ほら、父方の二つ上のところに、◯◯という姓があるでしょう。これは古来、政《まつりごと》の舵取《かじと》りをしてきた一族の名前なんです。さらにこっちの△△という姓、これは巫女《みこ》の家系ですね。あと、この□□という姓ですが……」

親戚とはいえ他人の家柄も含む話なので、具体名と詳細は伏せますが、先生はノリノリで我が家の家系図を読み解いていきます。霊的な話ばかりではなく、この先生は日本史や古代史にもかなり精通しているようで、日本人の姓に関する蘊蓄《うんちく》の数々はなかなか聞き応《ごた》えがありました。

そして家系図トークの締めに、先生からこんなアドバイスが。

「ご先祖様というのは、子孫が存在を覚えていて、いつまでも声をかけてあげ続けることで力を増すもの。つまり、先祖供養をちゃんとして、毎日感謝の念を捧げている人ほど、強い力で護ってもらえるんですよ」

ディズニー映画の『リメンバー・ミー』でも似たような霊界システムが採用されていましたが、この先生の発言はそれよりずっと前のもの。僕自身、守護霊の存在を完全に信じているわけではないものの、この考え方は嫌いではありません。

「できればこの家系図、額装《がくそう》して部屋に飾っておくといいですね。そして毎朝、ここに記載されている方のお名前を、端《はし》から順に読み上げながら手を合わせる。それだけで強いサポートが受けられるはずですよ」

家系図の登場で思いがけない方向に盛り上がったこのセッション、気がつけばあっという間に二時間が経過していました。

ちなみにこの先生は時間あたりいくらという料金設定ではなく、二万円で時間が許すかぎり相手をしてくれるというスタンス。本物かどうかはさておき、十分に元は取れたように思います。丁重に礼を言いながらお見送りして、セッションは終了となりました。

――しかしこの話には、ちょっと不思議な後日談があるのです。

夜更けのバーでの不思議な体験

一週間ほど経ってから、僕はお礼を兼ねてTさんのバーを訪ねました。

最初のうちは「やっぱり先祖供養は大切だね」と他愛のない話をしていたのですが、他の客がはけた後、Tさんが「そうだ。ちょっと面白い実験をさせてください」と切り出しました。

いったい何が始まるのかと興味深げに眺めていると、Tさんは棚から「ジャックダニエル」のボトルを二本、取り出しました。スーパーやコンビニでもよく見かける、テネシー・ウイスキーの代表的銘柄です。

そして一方をショットグラスに少量注ぎ、「まず、こちらをAとします」と僕の右側に置きます。さらに、もう一方を別のショットグラスに注ぎ、「こちらはBです」と、今度は僕の左側に置きます。

「何も考えずに、飲み比べてみてください」

僕は言われるままに、まずAのほうから手に取って、ひとくち含みました。勝手知ったるジャックダニエルの風味。別段、変わったことはありません。

続いてBのほうをひとくち。やはり、香りも味もいつものジャックダニエルとおな……んん?

「こっちのほうが落ち着いてますね。すごくまろやかな感じがする」

僕がそう言うと、Tさんは「でしょう?」とニヤリ。

「でもこれ、どちらもまったく同じ時期に仕入れた同じ商品なんですよ。製造年も一緒ですし、もちろん保存状態も変わりません」

開栓《かいせん》時期の差による、微妙な酸化の違いかと思いましたが、そうではないわけです。でも、それぞれふたくち目を含んでもう一度入念に比較してみましたが、やはり風味ははっきりと異なっている。どういうことなのか?

「秘密はこれです」

Bのボトルをすっと持ち上げるTさん。すると、そのボトルの底面に小さなコースターのような紙が貼り付いています。

Tさんがぺりぺりと剝《は》がしてこちらに向けたその紙には、サインペンらしきもので奇妙な紋《もん》様《よう》が描かれていました。

「これ、例の先生が以前いらしたときに作ってくれたものなんです。突然、『何かペンある?』と言うのでごく普通のマジックをお渡ししたら、ポケットから取り出した小さな紙にいくつかこの紋様を描いてくれまして。お酒や食材の下に敷いておくと美味《おい》しくなるというので、ここ何カ月かあちこちに挟《はさ》んでいたのですが……、本当に味が変わったのでびっくりしているんです」

うーん、これは不思議体験。プラシーボ効果で説明がつくような、曖昧《あいまい》な差ではありません。何より、バーテンダーとしてかなりの実力派であるTさんの味覚に、僕は全幅《ぜんぷく》の信頼を寄せています。そのTさんを唸らせる違いが、二つのジャックダニエルの間に生じているのです。

ササッと走り描いただけの、落書きのような紋様なのに、ピラミッドパワーのような効果が宿《やど》っているこの事実。Tさんは他のお酒やフルーツでも同様の比較実験をしてみたそうですが、やはり味に明確な差が発生したと言います。

ちなみに先生は、「居酒屋などでお酒がどうしても口に合わない時、こっそりこうしてお札を描いて、コースターの下に入れてるんです」と言っていたのだそう。まるでラーメンに胡椒《こしょう》やにんにくを足す感覚で霊能力を駆使《くし》する先生。……この人、本物だったのかも!?

これ以来、マンションの自室を出るとき、エレベーター前に何か見えやしないかとびくびくしている僕なのでした。

CASE 4

まるで超能力捜査官！凄腕《すごうで》と評判のイタコさんを訪ねて秋田まで

日本が誇るシャーマニズム文化、イタコ。死者の霊魂《れいこん》を体に降ろす「口寄せ《くちよ》」は、まさしくスピリチュアルの極《きわ》みであり、もし本当にそんな能力が存在するのなら、ぜひ話を聞いてみたい昔の偉人が山ほどいます。

そういえば以前、某サブカル誌の企画会議で、「イタコを二人用意して、手塚治虫《てづかおさむ》先生と藤子《ふじこ》・F・不二雄《ふじお》先生の対談をやろう！」と提案してみたものの、「恐山《おそれざん》（青森県・下北《しもきた》半島）までの交通費が高い」というしょうもない理由でボツになったこともありましたっけ。

それはさておき、やはり一度は体験してみたいイタコの口寄せ。そのために、いつかは恐山に足を運ばねばと思っていたものの、実はイタコは東北全体に広く分布する神職であり、青森だけでなく岩手や宮城、山形などわりとあちこちに存在しているのだそう。

ある日、出張先の秋田でこんな噂話が飛び込んできました。

「行方不明になっていた人の所在を警察より先に突き止めた、凄腕のイタコが県内にいるよ。五〇〇〇円ほど包めば誰でも見てもらえるそうだから、行ってみたら？」

もちろん、この情報に一も二もなく飛びついたワタクシ。さっそく調査を開始したことは言うまでもありません。

「旦那さんの周りに、湿《しめ》った草むらが見えます」

それにしても、行方不明者を警察より先に発見してしまうなんて、テレビで見る超能力捜査官を地で行く凄《すご》さです。一体どういう話なのかと言いますと――。

数年前、秋田県内である男性が失踪《しっそう》しました。前触れなどは一切なく、いつものように夕食をとってくつろいだあと、「ちょっとタバコを買ってくる」と家族に告げて出掛けたきり、翌日になっても戻らず。奥さんは警察に捜索願を出しました。

しかし、数日にわたって捜索が行われるも、めぼしい成果はなし。忽然《こつぜん》と姿を消した夫を待ち続けて二週間ほど経った頃、奥さんは藁《わら》にもすがる思いで、人から紹介されたイタコの女性に相談してみたのだそう。すると……。

「旦那さんの周りに、湿った草むらが見えます。わりと海に近い街道沿いだと思います。旦那さんのすぐそばに古い自動販売機が見えるのですが……、ごめんなさい。他に目印になるようなものが見当たらないんです」

手掛かりらしい情報を提供できず、申し訳なさそうに語るイタコ。しかしその数日後、夫の遺体はまさにその通りのシチュエーション、近くに自動販売機が立つ国道沿いの草むらで発見されたのです。


正直なところ、これがどのくらい尾ひれがついて僕の耳まで届いたエピソードなのかはわかりません。

ただ、ネットや雑誌で見つけた情報ではなく、〝知人の知人〟レベルの体験談であることに、僕は一定のリアリティを感じていました。

幸いにして件《くだん》のイタコさんには人を介せば連絡がつくようなので、翌月、僕は再び秋田へ向かうことにしたのでした。

イタコを介して亡き祖父母にコンタクト！

秋田市内で車を調達し、南下する形で九〇分ほど走って到着したのは、海に近い鄙《ひな》びた住宅街。指定された住所にたどり着くと、庭先で洗濯物を取り込んでいるエプロン姿の女性の姿が見えました。

道路脇に車を停めて来意を告げると、まさしくその女性こそがイタコご本人。歳の頃は六〇歳前後といったところでしょうか。彼女は「ちょっとだけお待ちくださいね」と、残りの洗濯物を竿《さお》から手早く引っこ抜くと、それを抱えて家の中へ入っていきました。

見た感じは普通の主婦で、いかにも生活感たっぷり。ついにとてつもない本物に会えるのではないかと緊張していた僕としては、やや拍子抜けする思いでした。

そして屋内に招き入れられ、通された和室でしばし待機。やはり、仏壇が置かれたごく普通のお部屋です。

ほどなく登場したイタコさんは、とくに仰々《ぎょうぎょう》しい装束《しょうぞく》に着替えるわけでもなく、エプロン姿のまま「お待たせしました」と僕の正面に腰を下ろしました。なんだか親戚のおばちゃんの家に遊びに来たような気分になります。

さて、いつもであれば仕事や健康面について聞くわけですが、今回は口寄せが目的。仲介者の方から事前に、「話をしたいご先祖様の名前と生年月日、命日をしたためてくるように」と伝えられていました。

そこで僕は父方と母方、それぞれの祖父母のパーソナルデータを紙にプリントして持参。イタコさんは老眼鏡をかけると、そこに記された四人の情報をまじまじと眺め、「うん」とひとつ頷くと、「ちょっとお待ちくださいね」といったん部屋を出ていきました。

そして数分後に戻ってきたイタコさんの手には、水の入った木桶《きおけ》が握られています。

「まず、どの方からお話を聞きたいですか」

「ええと、では父方の祖母からお願いしてもいいでしょうか」

するとイタコさんは仏壇に向かって手を合わせ、念仏《ねんぶつ》なのか真言《しんごん》なのか、何やら呪文《じゅもん》の

ような言葉を唱え始めました。

口寄せは初体験なので、このひとときというのはけっこう緊迫感があります。仏壇に向かって拝んでいるイタコさんが、いつ僕の祖母になりきってこちらを振り返るのかと、内心ドキドキしっぱなし。

すると、おもむろに念仏を止めてこちらを振り返ったイタコさん。

「では、仏壇の前に正座して、右の桶の中の水を柄杓《ひしゃく》で二杯、左の器に移してください」

イタコさんはまだイタコさんのまま。僕はわけもわからず言われた通りに柄杓を手に取ります。そして木桶の隣に並べられた洗面器のような器に、たどたどしく水をすくって注ぐこと二回。

「心の中でおばあちゃんの生前の姿をよくイメージしながらやると、なおいいですよ」

この儀式にどんな意味があるのかわかりませんが、イタコさんはこの間、僕の後ろで念仏らしき何かをブツブツと唱え続けています。

部屋が薄暗かったこともあり、見ようによってはちょっと不気味なムードが漂ってはいますが、大のおばあちゃん子だった僕としては、もし祖母と再会できるなら実に胸アツな展開。神《しん》妙《みょう》な気持ちでイタコさんの念仏が終わるのを待ちました。

「さて、おばあちゃんに聞きたいことはなんですか？」

「まず、祖母が亡くなってからこの十五年、そちらから僕たち家族を見ていて、どう思っているかを聞いてみたいです」

イタコさんは「わかりました」と頷《うなず》くと、再び仏壇に向かって何やら拝み始めます。そして。

「概《おおむ》ね、皆さん元気にやっているようで安心しているようですね。そして哲《さとし》さん（僕のことです）に関しては、もう少しまめに実家に顔を見せてやってほしい、とも」

……あれ？ 見たところ、まだイタコさんのままですが、もう口寄せは始まっているのでしょうか。疑問に思いつつも、とりあえず乗ってみるしかありません。

「そうですか。では僕の仕事面について、何か助言をもらうことはできますか。祖母は読書家だったので、僕が今こうして本を書く仕事をしているのをどう思っているのか、ずっと気になってたんです」

すると、また少し拝んでから……。

「小さな頃からよく本を読んでいる姿を見守っていた立場として、嬉しく思っているようですよ。とても応援してくれています」

うーん、思ってたのとなんか違う。体に魂を憑依《ひょうい》させて故人に成り代わり、本人の口調そのままに人格を再現するようなやつをイメージしていたので、今のところ凄《すさ》まじい消化不良感があります。

「そうだ。祖父は祖母よりだいぶ前に亡くなっているのですが、そっちで会えたのでしょうか？」

「（やっぱり少し拝んでから）ええ、そうですね。仲良くやっているそうです」

むむむ。なんでしょう、このプロレスじみたやり取りは。

イタコは国の選択無形民俗文化財

そもそも、僕が口寄せというものを少し誤解していたのかもしれませんが、せっかく秋田まで来たのだから、もうちょっといろいろ試してみることにしましょう。

「あの。ちょっとおじいちゃんに代わってもらってもいいですか」

つい電話を代わってもらうような口調で言ってしまいましたが、手慣れた感じで仏壇に拝み直すイタコさん。そもそもその仏壇に祀《まつ》られているのは、うちの先祖ではなくイタコさん家の先祖だと思うのですが……。

「はい、お聞きしたいことをどうぞ」

こちらのうっすらとした失望感をよそに、イタコさんもなんだか電話交換手のようなノリになってきました。

「祖父とは小学一年の時に亡くなって以来なんですけど、大人になった僕を見てどう思ってますかね？」

「（拝んでから）元気そうで何より、と言ってます」

「うちの親父（つまり祖父の息子）がどえらい借金をこさえていたことについては、なんて言ってます？」

「（拝んでから）人間、誰しも間違いはある。諦《あきら》めず頑張るよう伝えてほしい、とのことです」

「ちょっと母方のばあちゃんに代わってもらっていいすか？」

「（略）はい、どうぞ」

「最近、墓参り行けてなくてごめんね」

「忙しいのはいいことよ、体に気をつけて」

「次の正月には仏壇に参りに行くからね」

「楽しみに待ってるわね」……ｅｔｃ。


こうしたセッションが三〇分くらい続いたところで、こちらもネタが尽きてきました。

そこで目線を変えて、いったいイタコとはなんぞや、という取材を試みることに。そもそもこの女性は、どういう経緯でイタコになったのでしょうか。

聞けば、イタコにも流派のようなものがあるようで、彼女が修行を積んだところは、青森（つまり恐山）のイタコとはルーツが少し異なるのだそう。

「イタコになるにも修行が必要なんですね。どんなことをするんですか？」

「それはもう、いろいろよ。冬でも毎日神社にこもって、水垢離《みずごり》をして、断食《だんじき》の期間をいくつも繰り返して……」

「けっこう過酷なんですね」

「でも今はもう、そういうのはやらないみたい。イタコもどんどん数が減っているしね」

一〇〇年前くらいまでは、盲目《もうもく》の女性がイタコを目指すことが多かったそうですが、習俗《しゅうぞく》としてはかなり下火で、「県内ではもう、私くらいじゃないかしら」とちょっと寂しそうに語るイタコさん。

ちなみにこの家では代々、女性がイタコを務めてきたそうですが、我が娘にはもう、そのための修行はさせなかったと言います。というよりも、本人がそれを望まなかったのだとか。どの世界も後継者不足は深刻のようです。

それでも秋田のイタコは、「羽後《うご》のイタコの習俗」として国の選択無形民俗文化財（※正式には「記録作成等の措置を講ずべき無形文化財」）に指定されています。つまり公費によって保存される対象なわけです。スピリチュアル的な真偽《しんぎ》はさておき、どうにか次の世代へ繋《つな》いでいけないものでしょうか。

イタコは消えゆく文化なのか？

その昔、イタコが地域における大切なカウンセラーとして機能していたことは、想像に難くありません。

科学が未発達であった時代、人は災害や病気のリスクに大きな不安を抱えながら生活していたはず。そんな中、漠然《ばくぜん》と神様を信仰するよりも、血縁のあるご先祖様に助けを求めるほうが、説得力があったのは自明です。その意味で、イタコの存在意義は大きかったことでしょう。

（それにしても、なあ……）

イタコさん家からの帰路、このためにはるばる秋田までやってきた僕としては、少なからぬ徒労感を覚えたのもまた事実。祖父母との問答は結局、誰にでも言える無難なやり取りに終始しました。こうなると、行方不明者の所在を言い当てたというエピソードも、なんだか怪しく思えてきます。

なぜ恐山のイタコがあれほど認知されているかといえば、おどろおどろしい環境でそれなりの衣装に身を包み、万全の演出がなされているからに違いありません。要は、同じパフォーマンスでも、エプロン姿の主婦では今ひとつありがたみが薄いというのが今回の正直な本音。

そういえば、帰りの道中に思い出したことがあります。他ならぬ父方の祖母（最初に呼び出してもらったおばあちゃんですね）が生前、青森旅行のついでにイタコに口寄せをお願いしたことがあり、帰ってきてからこんなことを言っていました。

「――いや、もうガッカリしたわよ。お父さん（僕の祖父）を降ろしてもらったはずなのに、イタコの人は津軽弁《つがる》でしゃべるんだもの。おまけに訛《なま》りがキツくて何を言っているのかよくわからないから、隣にいる通訳の人にもお金を払って翻訳してもらわなきゃならないの。上手な商売だこと……」

あの世にいるおじいちゃんから「オレだよオレ」と津軽弁で言われたところで、納得できるはずがありません。まあ、これも文化と言えばそれまでなのですが。

とはいえ、本物のイタコ探しを諦めたわけではありません。そのうち「この人は本物よ」と亡き祖母に言わしめるイタコに出会える日が来ることを願って、引き続き情報を集めることにしましょう。

CASE 5

普段は陶器《とうき》屋の店主。しかしてその実態は……！

その日、僕は出張で福島県へ向かっていました。東北新幹線の車中では、東京駅から一緒に乗り込んだ女性編集者のSさんとの二人旅。

このSさんとはそれなりに長いお付き合いなのですが、この日は少しご無沙汰していたこともあり、往路は互いの近況交換に明け暮れることに。というよりも、一方的に彼女の愚痴《ぐち》を聞かされること九〇分。どうやら、最近の職場環境にかなりストレスを溜め込んでいるようです。

やれ「上司の無茶振りにほとほと参っている」とか、「辞めたいけど転職活動をする時間もない」とか、挙句《あげく》の果てに「これじゃあ婚期を逃す、どうしてくれるんだ」などと、酒も入ってないのにくだを巻かれ続ける僕。上野あたりから始まったこの一連の愚痴シリーズは、大宮、宇都宮《うつのみや》を通過したあたりでピークに達し、福島に到着する頃にはこちらもすっかり気が滅入《めい》ってしまいました。

それでも仕事は仕事。この日は福島市内で簡単な撮影をひとつこなし、翌日の取材に備えて、いったんビジネスホテルにチェックイン。荷解きを済ませて時計に目をやると、まだ十六時前でした。

飲みに繰り出すにはさすがに早いし、かといって部屋に閉じこもっているのもなんだかもったいない。どうしたものかと思案していたところ、部屋の内線にSさんから電話がかかってきました。

「そういえば、当たると評判の占い師が福島にいるらしいんですけど、食事の前にちょっと行ってみません？　友清さん、そういうの好きでしょ」

悩める女性というのはこの手の情報に明るいもの。僕が興味を持っているのは占い師ではなく霊能者なのですが、まあ時間潰しに付き合ってみるのもいいでしょう。

見た目は普通の陶器屋さん

聞けば今回のターゲットは、郡山《こおりやま》市内で陶器屋を営むマダム。占いが本業ではないものの、余技で嗜《たしな》む占いがとにかく当たると評判で、カウンセリング希望者が後を絶たないのだとか。

Sさんが件《くだん》の陶器屋に電話を入れてみると、「あら、東京からいらしてるの？　それならすぐにいらっしゃい。本当は十八時までなんだけど、待っててあげるから」とあたたかく迎え入れてくれたのだそう。大急ぎでレンタカーを手配し、いざ郡山へ。

福島市内から片道およそ一時間。目的の陶器屋はすんなり見つけることができました。郊外の市街地にある、本当にどこにでもありそうな普通の陶器屋さんで、店頭のどこを探しても「占い」の文字は見当たりません。

ショップ付近の手頃なスペースに車を停めて中に入ると、店主らしきマダムがお客さんと談笑していました。

「あら、先ほどお電話くださった方かしら？　そちらのソファにどうぞ」

いかにも人好きしそうな明るい笑顔のマダム。決して広い店ではありませんが、レジのそばに小さな応接セットが置かれていて、僕とSさんは言われるままそこに並んで腰を下ろしました。

マダムは先客を見送ったあと、僕たちの正面に腰掛けて、小さな紙を二枚取り出しました。といっても、何かの儀式に使われそうな仰々《ぎょうぎょう》しいものではなく、チラシの裏紙を小さく切り刻んだだけのものです。

「じゃ、お二人ともここに、お名前と生年月日だけ書いてくださる?」

とにかくニコニコと愛想のいいマダム。いかにも街の人気者になりそうなキャラクターです。ただ、スピリチュアルな雰囲気は皆無で、スタンスは接客のそれにしか見えません。果たしてどのようなセッションが待ち受けているのでしょうか。

意外なポテンシャルを発揮するマダム

隣りではSさんが嬉しそうにソワソワしています。さすが悩めるアラサー。まるで、今日ここで人生の進むべき方向が確定するかのような、大袈裟《おおげさ》な期待感を漂わせています。

「それでは始めましょうか」

マダムはそう言うと、老眼鏡をかけて二枚の紙をまじまじと眺め始めました。……って、もしやこのまま二人同時にカウンセリングを受けることになるのでしょうか? いろいろ込み入ったことも聞きたいのに、彼女に全部丸聞こえなのはちょっと恥ずかしい。きっとSさんこそ同じ気持ちでしょう。

ここは気を利《き》かせて車で待っているべきだろうと、僕が腰を上げようとした瞬間、マダムはSさんに向けてこう語り出しました。

「あなた、職場に折り合いの悪い人がいるみたいね。先輩かしら？　それとも上司かな」

これには思わず、Sさんと目を見合わせてびっくり。何しろ今朝の車中で彼女は、ひたすら上司の愚痴を吐き続けていたのですから。あまりにもタイムリーな出だしです。

ただ、「職場に折り合いの悪い人がいる」というのは、下手をすれば過半数の会社員に当てはまること。それが先輩なり上司なりである可能性も、決して低くはないでしょう。それでも出会い頭《がしら》の衝撃としては十分で、ここはマダムの〝手口〟をしっかり見届けてやろうと、僕は浮かせた腰を再び下ろし、二人のやり取りに集中することにしました。

続けてマダムはこんなことを言いました。

「あなた、最近職場で異動があったの――？　そこでちょっと運気の流れが変わったように見えるわね」

あれ、あれ、あれ。これも実は、往路の車中で聞いていた話のひとつです。

冒頭でSさんとは「少しご無沙汰していた」と書きましたが、これは彼女が一時的に異動していたためでした。今回、久しぶりに編集部に戻ってきたことで、こうして現場でご一緒しているわけですが、マダムはそうした人事異動の流れを把握しているかのような口ぶりです。

これはもしかすると……。まだ自分のターンでもないのに、僕は勝手に緊張感を漲《みなぎ》らせていました。

本物か？　偽物か？　マダムとのコンゲーム

当のSさんはといえば、こうしたマダムの言葉に、「なんでわかるんですか！」、「そうなんですよ！」、「すごい！」と、いちいち抜群の合いの手を入れています。これはマダムもさぞ気分が良いことでしょう。

僕は僕で、隣りで少なからず驚いている半面、警戒心はMAXに達していました。というのも、もしこのマダムがインチキとして手練《てだ》れであった場合、直接対峙《たいじ》しているSさんよりも、油断している僕の反応から情報を拾おうとするのではないか、と思ったからです。

そこで僕は、頬杖《ほおづえ》をつくような体勢で口元を左手で覆い、極力、表情を明かさない作戦に出ました。しかし、そんな僕を気にする様子は微塵《みじん》も見せず、マダムはSさんとのセッションを続けています。

「あなたの場合、結婚はまだ少し先になりそうよ。ご両親もわりと晩婚だったんじゃない？」

「ええ、両親が結婚したのは、どちらも三〇代半ばになってからですね」

「たぶんこれ、お見合いじゃなく恋愛結婚でしょう？　すごく相性がいいように見えるのよ」

「そんなことまでわかるんですか！」

「あなたの波動はお母さんそっくりだから、同じような流れを汲む気がするわね」

なんというか、多少ふわりとした物言いながらも、当てずっぽうで口にするには、マダムはなかなかリスキーなことを言っています。ここまでSさんの両親に関するリサーチはなく、インチキ霊能者であれば晩婚だの恋愛結婚だのと決めつけるような危険は冒さないでしょう。

これまでの経験からしても、インチキほど誰にでも当てはまりそうなことばかり並べ立てるもの。それに比べて、マダムの言葉はちょっと具体的すぎます。本物と認定するのは早計にしても、かなりいい線いっている印象です。

そんな驚きを懸命に隠し、全力でリアクションを抑え込んでいる僕ですが、マダムはまるでこちらを見ていないのでなんだかアホみ

たいです。

一方のSさんは、すっかりマダムの虜《とりこ》になってしまったようで、熱心に恋愛相談を始めています。すると、ここでもマダムは絶好調。

「あなた、前にお付き合いされていた方と、随分ズルズルやってるのねえ。気持ちはわかるけど、あまりいいことじゃないわよ」

「えっ……。はい、そうですよね……」

実はこれも、往路の新幹線の中で聞かされていた話のひとつ。僕から見れば体《てい》よく遊ばれただけにしか見えない元カレを引きずるSさんは、今でも都合よく呼び出されれば夜中でもほいほい彼の元に駆けつけているらしく、なんだか不憫《ふびん》に思えたものでした。

元カレとズルズルというのはいかにもアラサー女性にありがちですが、それにしても指摘の精度が高い。僕は眉ひとつ動かさないよう内心の驚きを嚙《か》み殺しながら（一応まだ続けてる）、二人のセッションを見守っていました。

やって来ました僕のターン。果たして……

三〇分ほど経った頃でしょうか。マダムはひとしきりSさんにアドバイスを送ると、僕のほうに向き直り、「じゃ、次はあなたね」と、あらためて氏名と生年月日が書かれた紙に目を落としました。

一応、いつものように仕事・健康・結婚という三大テーマを携えている僕ですが、まずはマダムの出方を待つことにします。

「あなたも出版関係のお仕事かしら？」

「はい。でも僕は出版社勤めではなく、フリーランスなんですけどね」

「そうよね、会社員には見えないわね」

それはスピリチュアル的な意味なのか、それともカタギに見えない風体《ふうてい》だと言いたいのか、一体どちらなのか。

「あなた、体調はどう？　今、胸のあたりに痛みを感じたりしてない？」

「あ、実は最近たまに、シクシク痛むことがあるんですよ。大丈夫ですかね、これ」

「私は医者じゃないからわからないけど、不安だったらちゃんと病院で診てもらわないと」

あまり気にしていなかったのですが、このマダムに指摘されると、俄然《がぜん》、不安になってしまいます。

「でも、あなたは基本的に頑丈《がんじょう》だから当面は大丈夫よ」

「ホントですか？」

「うん。ただ、ここのところちょっと体力的に無理しているみたいだから気をつけて」

たしかにこの時期は大きな仕事が重なっていて、平常時よりも疲労と睡眠不足が蓄積していました。でも、これもたいていの社会人に当てはまりそうなアドバイスに過ぎません。僕もSさんみたいにもっと、これもたいていの社会人に当てはまりそうなアドバイスに過ぎません。

そこで、「僕、このまま今の仕事を続けていて大丈夫ですかね？」と、こちらから水を向けてみることに。

「そうね、問題ないと思うけど、不安に思っているならもう少し詳しく見てみましょうか」

マダムはそう言うと、レジの下の棚から分厚い本を取り出して、僕の誕生日に相当するページを探し始めました。

よくわかりませんが、生まれ年（干支《えと》？）などから人の運勢のベースが細分化されているようで、それを示しながら「今あなたはこういう運気の流れにある」とか、「何年から何年までが比較的いい時期になる」といったことを教えてくれました。でも、僕が欲しているのはそういうヤツじゃないんです。

恋愛面に関しても、「あなたにはこういうタイプの人が合うと思う」、「仕事もいいけど、お相手の方と向き合う時間を増やしてね」などといった、その場で答え合わせのしようがないアドバイスに終始。ありがたいお言葉ではありますが、先ほどまでのキレッキレなマダムはどこへ行ってしまったのか。

その後もあの手この手で対話を試みましたが、「なんでわかるんですか！」と驚かされる機会はついぞ得られず。もしかして、Sさんのターンでマダムはもう疲れてしまったのでしょうか。だとすれば、二人セットで面談することの思わぬ弊害です。

「とりあえず、しばらくこの仕事を続けていていいみたいなので安心しました」

レンタカーの返却時刻が気になり始めたので、諦《あきら》めてシメの言葉を口にしてみた僕。すると最後に――。

「私、出版のお仕事のことはよくわからないけれど、あなた将来、大きないいものもらうわよ」

「……え、何だろう。それって賞とかそういうものですかね」

「わからないけど、そういう類《たぐ》いのものじゃない？」

「じゃ、もしかしたら直木賞とか芥川賞とか、あるいはノーベル文学賞とか？」

「そうかもしれないわね（笑）」

最後の（笑）がちょっと気になりますが、小説家でもないのに思わずニンマリ。これは最低でもベストセラーくらい出るに違いありません。内心、「キターッ！」と舞い上がる僕でした。

もっとも、マダムのこの言葉から数年を経ましたが、今のところ予言的中の兆《きざ》しはありません。それでも僕としては、マダムが本物であることに一縷《いちる》の望みを託し、予言成就《じょうじゅ》の日を信じて待ち続けているのでした。

CASE 6

ヨガインストラクターから
華麗なる転身を遂《と》げた美魔女

「私が通ってるヨガの先生、守護霊とか視《み》えちゃう人なんだけど会ってみない？」

友人からそう声をかけてもらったのは、数年前の晩秋のこと。

ヨガといえばヨーガ。もともとは古代インドから伝わる心身の鍛錬《たんれん》法で、〝解脱《げだつ》〟を目指す修行の一つとして有名です。

そんなヨガの先生が「視える」というのは、なんとなくスピリチュアル的にありな感じがします。おまけにその先生、本場インドでヨガの修行をした経験もあるそうですから、なおさら期待が持てるというもの。

ところが、僕は当時このありがたいお誘いを、「せっかくだけど、今回は……」とお断りしています。なぜなら、「はじめに」で掲げた僕の中の三つのルールに抵触《ていしょく》していたからです。

実はこのヨガの先生を紹介された際、僕は離婚問題の真っ只中にありました。度重なる妻の不貞《ふてい》に業を煮やし、強い失望と傷心を持て余していたこの時期の僕は、インチキ霊能者のいいカモになりかねません。

そこでマイルールを遵守《じゅんしゅ》し、ヨガ先生の話をひとまずスルーした僕。ところが、時を経てこの先生とのご縁が甦《よみがえ》るのだから世の中わからないものです。わりと最近になってから、同じ友人からこんな話が飛び込んできました。

「すごく前に、霊能力があるヨガの先生の話をしたの、覚えてる？」

「ああ、もちろん。あの時はせっかくだったのに悪かったね」

「あの先生、今はヨガじゃなくて占い師として活動してるんだよね」

「なんと！　特技を生かして独立したわけか。それは面白いじゃないか」

そんなわけで、何年もの時を経てヨガ先生との面会アポイントが確定。ある週末の昼下がり、僕は神奈川県・川崎市内の某所にお邪魔することになりました。

クチコミで広まったヨガ先生の占い

友人に教えられた住所を頼りに探し当てたのは、そこそこ年季の入った低層マンションでした。一階の集合ポストには何の表札もかかっていなかったので、本当にここで合っているのかとオドオドしながらインターホンを鳴らします。

すぐに扉がガチャリと開き、「お待ちしてました、どうぞ～」と朗《ほが》らかに迎え入れてくれたのは、従来の霊能者のイメージを覆《くつがえ》すような、スラリとした長身の美女。なるほど、元ヨガのインストラクターらしいプロポーションが目を引きます。なんだかいつもとは違う意味でドキドキしますな。

通されたのはリビングのテーブルでした。といっても生活感は皆無なので、ここは住居ではなく、あくまでカウンセリング用のサロンなのでしょう。ちなみに、女性一人でやっているためか、男性客は紹介がないかぎり受け付けないのだと友人が言っていました。これは女性霊能者によくあるパターンです。

「看板も表札も出してないから、わかりにくかったでしょう？」

「いえいえ、駅から近くて便利な場所ですね」

おそらくは毎回繰り返しているのであろうつかみのトークに付き合いながら、僕は少し雑談に興じることにしました。なぜなら、彼女がヨガからカウンセリング業に乗り換えた経緯に興味があったからです。

「もともとはヨガの先生をやってらしたそうですね」

「そうなんですよ。最初のうちはレッスンも並行して続けていたのだけど、手が回らなくなってしまって」

「それだけ多くのお客さんがついてるってことですよね。すごいなあ」

いつもよりヨイショ気味なのは、決して美女が相手だからではありません。ええ、決して。

珍しい事前アンケートスタイル

何でもこの先生、最初は趣味程度に占いじみたことをやっていたのが、ヨガ教室の女性会員を中心に「よく当たる」と評判になり、カウンセリング希望者が急増。ついには独立するに至ったのだそう。「一人でも多くの人の悩みを解消したかったので」とはご本人の弁。

ちなみに鑑定料は一時間で一万円。自称霊能者の相場感からすれば、比較的安めの設定と言えます。それでもこうしてオフィスを構えられるのは、相当数の固定客がいる証《あか》しであり、俄《が》然《ぜん》、その腕前に期待が高まります。

――ところが、いったん雑談に付き合ってしまったのは失策だったようで、なかなか本題に移れません。この先生、実は見た目よりもけっこうご年輩なのだそうで（僕より歳上らしい）、ひとたび話しだすとうちのオカンのようにとめどなく他愛のないトークが溢《あふ》れ続けます。やれ「ヨガ教室を辞めてから体がなまって仕方がない」とか、「寒くなってきたから生姜《しょうが》紅茶を毎日飲んでいる」とか、果ては嵐のファンだからどうだとか……。しゃべってもしゃべっても雑談に終わりは見えず。

しかし、こちらも遊びではありません。雑談開始から三〇分近く経った頃、僕はようやくトークの隙間を強引に見つけ出し、こう切り出しました。

「そういえば、先にお送りしたアンケートって、もう見ていただけましたか？」

実はこの先生、申込時にカルテのような用紙を配布するスタイルを取っていて、僕も事前に名前や生年月日、職業、血液型など、細かなパーソナル情報を記入した上、メールで送付していたのです。

ようやく始まったセッションに思わずドキリ

興味深かったのは、その用紙にこれまでに住んだことがある地域を羅列《られつ》する欄があったこと（僕は転勤族の倅《せがれ》なので、これが意外と手間でした）。

また、最近の悩みや懸念、今後どうなりたいかという希望を書く自由記入欄も。もはや占いというより人生相談に近い気もしますが、およそ霊能者らしからぬこのやり方はけっこう斬新《ざんしん》でした。

ただし、相手の真贋《しんがん》を見極めるのが目的ですから、必要以上に情報を与えることはしません。たとえば職業欄については「自営業」と書くにとどめ、配偶者の欄も「なし」とするだけでバツの有無などは事前に明かしませんでした。

ヨガ先生は僕の言葉に反応し、立ち上がると別室からプリントされたA４サイズの用紙を数枚携えて戻ってきました。僕が事前にお送りしたアンケート用紙でしょう。そして、数秒の間それに目を落とすと、おもむろにセッションがスタート。

「ええと、現在は独身ということでよろしいのよね」

「ええ、そうですね」

「前の奥さんとのお別れは辛かった?」

「……！」

人は見かけによらぬもの。アンケートには書かなかった僕の離婚歴が、すでに見抜かれているではありませんか。

「はあ、そうですね。当時はそれなりに寂しい思いをしましたけど」

「まあ、仕方がないわよね。必要なお別れだったと思いましょ」

懸命にポーカーフェイスを守る僕ですが、なんとも温かいお言葉に、早くも心を開いてしまいそうです。

「浮気ってやっぱり後腐《あとくさ》れが残るのよね。どちらにとっても」

「……！　そうなんですよ、もう何年も経つのに、いまだモヤモヤとした思いはありますね」

驚いたことに、かつての妻の不貞までヨガ先生は把握しています。これが……ヨーガの奥義なのか⁉

「浮気って、必ずしも相手を嫌いになったからするものでもないので、なおさら心の踏ん切りをつけるのが難しいのよ」

「ほんと、その通りだと思います」

なんだかスルスルと心の中身を引き出されているような奇妙な感覚。すごいぞ、ヨーガ。

当初は紹介者の友人が、僕の離婚歴について事前に話したのかなとも思いましたが、この先生、もしかするともしかするのかも。

先生が手にしていたアンケート用紙の真実

これはぜひとも、仕事のことやら健康のことやら、他の分野についてもあれこれ聞いてみたい。思わず身を乗り出そうとすると、ヨガ先生はパラパラと僕のアンケート用紙を眺めながら続けて言いました。

「まあでも、お別れしたあとで後悔しても仕方がないものね」

「そうですね。幸い、後悔も未練もありませんし」

「ちなみに、反省はしてる？」

「ん？　まあ、もうちょっと夫婦関係のメンテナンスを頑張るべきでしたよね」

このあたりから、ちょっと違和感が。

「私くらいの歳になると、男はどうしても遊びたい生き物だって達観しちゃうんだけどね。若い時はまだ理解できないのよ」

「はあ」

「ただ、過去を振り返っていても仕方がないから、問題は次よ、次。また結婚したい気持ちはあるんでしょう？」

「そうですね、遠くないうちには」

「いいと思う。だから反省を生かして、次はちゃんとしてくださいね」

そう言ってにっこりと微笑《ほほえ》むヨガ先生。もうこれ、完全におかしい。

「あの、先生。離婚の原因は、妻の浮気なんすけど……」

たまりかねてそう告げると、ヨガ先生は漫画のように目をぱちくり。手元の用紙をまじまじと眺め、小さく「いけない」とつぶやいたのを僕は聞き逃しませんでした。

そして、そそくさと用紙をまとめると、いったん奥の部屋に引き返し、慌てた様子で別の用紙を持って出てきました。

「ごめんなさい、さっきの忘れて！」

てへぺろ（古い表現ですみません）な感じで言われましたが、どうやらこの人、他の人のアンケート用紙と間違えて僕をカウンセリングしていたようです。

「ええと、そうよね。あなたの場合は、えー……あら、自営業って書いてあるけど、お仕事は何をしてらっしゃるの？」

おいおい、そこからかよ！　ヨーガの奥義はどこへやら、急に胡散臭《うさんくさ》い問答が始まりました。

これはあとで聞いた話ですが、友人はヨガ先生に僕を紹介する際、「彼は離婚も経験しているし、いろいろ悩んでいるみたいだから見てあげてほしい」と伝えたそう。そこで早合点したヨガ先生は、別の離婚経験者の案件と取り違えてしまったようなのです。なんたるポンコツぶり。

いったん期待がMAXに達していた僕は、その反動でどっちらけ。ヨガ先生もすっかりフォームを崩したようで、早口にあれこれまくしたてるものの、「本を書いて暮らせるなんていいわね～」とか「季節の変わり目だから暖かくしてね」とか、スピリチュアルとは程遠いコメントばかりを繰り返します。

その後はもう、約束の一時間が経過するまで、消化試合のようなセッションを続けるしかありませんでした。もっとも、一時間のうちの半分くらいは、ヨガ先生の雑談に費やされているのですが。

結局、心に残ったのはモヤモヤばかり。さすがに文句の一つも言いたくなりましたが、それでもマイルールの二番目を思い出し、ぐっと堪えてヨガ先生のマンションを後にした僕なのでした。言いっこなしなのは承知でぼやきますが、ああ一万円損した……。

CASE 7

勝手に守護霊を視《み》てくる大阪のおばちゃん

間近で目撃したスプーン曲げの思い出

誰に頼まれたわけでもないのに酔狂《すいきょう》なことと我ながら感心してしまいますが、僕がこうして本物の霊能者を求めて東奔西走《とうほんせいそう》するようになったのも、ロマンを求める好奇心と、スピリチュアルな現象を信じきれない猜疑心《さいぎしん》、相反する二つの気持ちがあればこそ。そうした不思議な力や世界があることを信じたいからこそ、その証拠を僕は探し求めているわけです。

しかし、いくら僕が暇人でも、まったく根も葉もないものをこれほど長期間にわたって追い続けるのは至難。こうして飽きもせずに全国の霊能者を訪ね続けられるのは、それなりに期待させる〝何か〟に時折出くわすことがあるからです。

その〝何か〟の一端は、かれこれ二〇年以上も前に経験した、某超能力者のホームパーティーでした。元祖エスパー少年として世に出たK氏の実家（北千住のお寿司屋さんでした。今はもうありません）で、僕はリアルなスプーン曲げを間近で目撃しています。

K氏は僕らの目の前で、手も触れずにスプーンをぐいーんと曲げ、そしてポッキリと折って見せました。

もちろん、トリックが入り込む余地はあったでしょう。一説にはスプーンを曲げるトリックは数十種類も存在すると聞きますし、それを素人《しろうと》目で看破するのはまず不可能。しかし、その二つに分かれたスプーンの残骸《ざんがい》に、どうしても腑《ふ》に落ちない謎が残りました。

折れたスプーンの皿の部分をテーブルの上に置き、もう一方の柄の部分を何の気なしに、近づけてみたところ、両者が反発して皿がくるくると回転し始めたのです。まるで磁石《じしゃく》で同じ極同士を近づけた時のような、あんな感じです。

帰宅後、試しに自宅のスプーンを力任せにねじ切って同じことをやってみましたが、もちろんそうした磁力を帯びることはありません。これはやはり、人知を超えた不思議な力が介在しているのか――。

厳密には、超能力者と霊能者は似て非なる存在なのかもしれません。しかし、そんなモヤモヤとした気持ちを解決する一助にはなるのではないか。そんな思いから、僕のこの活動はスタートしています。

前置きが長くなってしまいましたが、実際に本物の霊能者探しを始めてみると、世の中には思いのほか「視える」とのたまう御仁《ごじん》が多いことに驚かされます。

彼（彼女）らが〝視える〟としているのは、守護霊であったり前世であったりオーラであったり、実に多彩。ちょっと変わったところでは、波動やカルマと表現する人もいましたが、それらはきっと、同じジャンルの中でごった煮にされているものなのでしょう。

今回は、僕が駆け出しライターだった頃に出会った、守護霊や前世が視えると公言する女性の事例をご紹介させていただきます。

僕の前世はヨーロッパのパン職人

まだ二〇代半ばだった頃、僕はあるイベンターさんのお手伝いで、しばしば都内某所のオフィスに顔を出していました。商品PRから地域興しまで大小様々なイベントを手掛けるその会社には、昼夜を問わず多種多様な人たちが出入りしていました。

その中に一人、やたら大きな声で関西弁を操《あやつ》る、派手なおばちゃんがいました。小さな広告代理店の人でしたが、正直、押しが強くて空気を読まない苦手なタイプ。なので最初はあまり近づかないようにしていたのですが、オフィス内で断トツに若かった当時の僕を、おばちゃんは妙に気に入ってくれました。

事あるごとに食事や飲みに駆り出されるので、そのうち否が応でもおばちゃんと打ち解けていきます。すると、あるイベントの打ち上げ（といってもサシ飲みでしたが）の席で、そのおばちゃんが唐突にこう言ったのです。

「あんた、前世はパン職人やで」

「は？」

「パン職人。それもヨーロッパのどっか」

「………」

見事なまでに脈絡《みゃくらく》のない話題に、ただただぽかんとする僕。今も昔もオカルティックな話は大好物なはずですが、どう処理していいかわかりません。そもそも僕はパン派ではなく白米派です。

「それは、どういうことですか?」

「言わなかったっけ。私、そういうの視えるんよ」

「ええと、前世が視えるってのは、つまり幽霊とかも視えちゃう人なんですか?」

「もちろん。なるべく視ないようにしてるけど」

さあ、困った。この酔っぱらいの戯言《ざれごと》にどう対応するべきか。若かりし日の僕は、懸命に頭をめぐらせました。

前世や守護霊というのは、実はなかなか厄《やっ》介《かい》な題材です。なぜなら、本人が「視える」と言うものを否定するのは悪魔の証明に等しく、真相を確かめる術《すべ》などないからです。いくら「あなたの前世はどこぞこの藩の武士だ

あんた前世はヨーロッパのパン職人やで
ぼく、ごはん派なのに

った」とか、「二人は前世でも夫婦だったんだよ」などと言われても、答え合わせのしようがないので言った者勝ち。

しかし、おばちゃんは機嫌よくビールを喉《のど》に流し込みながら、僕の前世について熱弁を振るっています。

「あんたがあまりパンを食べないのは、前世の反動やと思うわ。もう一生分、食べたんじゃない？」

そう言っておばちゃんはキャハハハと笑いますが、何が面白いのかさっぱりわかりません。それでも露骨《ろこつ》に冷めた顔をしなかったあたりに、当時の僕に年相応の可愛げを感じます。

「あんた、ヨーロッパなんて行ったことないやろ？　行こうとも思ってないはず。それも完全に前世のせいやで」

貧しい二〇代の青年にとり、ヨーロッパ旅行はいかにもハードルが高い。でもそれは金銭的な理由です。

「たしかにヨーロッパには行ったことないですけど……。僕、前世で何をやらかしたんですか？」

「ようわからん。でも、最後は銃で撃たれて死んでるんよ、あんた」

そう言って、またケタケタ笑うおばちゃん。なんでパン屋が銃殺されるんだよ……。もう帰りたくなってきたので、終電を理由に切り上げようと腕時計を見ましたが、時刻はまだ二十二時前。何か終電以外の離脱理由をひねり出さなければなりません。

僕はおじいちゃんと飼い犬に護《まも》られているそうです

「要は、僕はヨーロッパでひどい目にあってるから、現世《げんせ》でも無意識に近寄らないようにしてるってことですか？」

やむを得ず、なし崩し的におばちゃんの妄言《もうげん》に付き合う僕。

「そうそう。案外残るんよ、そういうイメージって」

「ちなみにおばちゃんは（※実際にはちゃんと名前で呼びました）、前世は何者だったんすか」

「私？　私はお姫様に決まってるやん。シンデレラ城みたいな大きなお城で優雅に暮らしてたに決まってるわよ」

そう言ってギャハハと笑うおばちゃん。シンデレラ城といえば、ドイツのノイシュヴァンシュタイン城がモデルとされていますが、これは十九世紀に建てられた比較的新しいお城だったはず。しかも大部分が未完成で、とても住めたものじゃなかったとどこかで聞いたことがあるのですが……。

「ちなみに前世以外には何が視えるんですか」

「守護霊とか？」

「それはやっぱりご先祖様なんでしょうか」

「そうね。あんた、昔よく可愛がってもらってたおじいちゃんが憑《つ》いてんで」

「へえ、それはありがたいっすね」

ちなみにこの時点では母方の祖父はまだ健在だったので、もし本当に後ろにいるとするなら、父方の祖父ということになります。その祖父について、おばちゃんは続けてこんなことを語り始めました。

「これたぶん、西のほうの人やろ？　んで、メガネかけてるわ」

「西といえば西ですね。九州なんで。メガネもかけてました」

「やろ？　ほら当たった」

「姿が視えてるんですか？」

「というより、ビジュアルのイメージがなんとなく入ってくる感じ。頭、ハゲてるな」

「そうすね、かなり薄かったです」

「ほら当たった」

ハゲてたりメガネをかけてたりするのは、おじいちゃん像として一般的なので、当たっても別に不思議はないと感じたのが正直な胸の内。それよりも、尊敬する祖父をイジられているようで、だんだん不愉快になってきました。

「あ、それと。犬もおるね」

「犬？　うちで飼ってた子ですか」

「そうやと思う。よく懐いてたんが伝わってくるわ」

「犬種は何です？」

化けの皮を剥《は》がしてやろうとの思いから、つい詰問《きつもん》口調になってしまいました。するとおばちゃん、「私、犬に詳しくないから、種類はようわからん。でもなんか茶色い子よ」などと曖《あい》昧《まい》なことを言います。

今こそ会いたい！　おばちゃんよ、いずこに……

ちなみに心当たりがあるとすれば、僕が中学生の頃に亡くなった愛犬のエリ。犬種はシェットランドシープドッグで、デザイン的にはコリーをそのまま小型にしたものです。

——おや？　ここで内心ざわめくものを感じた僕。なんだかんだ、このおばちゃんの言ってることは、今のところ全部当たっているではありませんか。ヨーロッパとの縁のなさ。おじいちゃんの風貌《ふうぼう》。茶色系の飼い犬。一つひとつは小さいけれど、軽いボディブローも蓄積するとダメージになる、そんな印象を受けます。これって意外とすごいのではないでしょうか。

これらのことについて、頭の中で具体的に検証してみたのは、おばちゃんのワンマンショーから解放された帰りの電車内でした。

考えれば考えるほど、おばちゃんはスピリチュアル的にはリスキーな発言をしています。ここで言うリスクとは、ボロが出るリスクのことです。

もし、我が家の祖父がどちらも健在だったなら、その時点で守護霊の話は不成立ですし、過去に犬を飼っていたこと自体、これまで彼女に話したことはありません。ヨーロッパだって、家族旅行などで訪れていてもおかしくはなかったでしょう。こうして個別にひもといていくと、おばちゃんの言葉はどれもなかなかに果敢《かかん》です。

ただ、決定打に欠けている気がするのも事実。そのため、当時の僕はそれ以上の詮索《せんさく》、というか検証をすることはしませんでした。そもそもこの打ち上げの席を設ける理由になったイベントが、彼女と協業する最後の仕事だったので、これ以降、二度と会う機会がなかったのです。

今のようにSNSが存在していれば、たまに飲みに行くくらいの緩やかな関係をキープできたかもしれませんが、当時は接点がなくなれば、そのまま疎遠になるのはわりと普通のことでした。

こうしてルポルタージュの題材になった今こそ、あのおばちゃんの話をもう一度聞きたいと切に願う現金な僕。あの頃はウザがってすみませんという気持ちでいっぱいですが、もはや連絡手段はありません。この原稿を書くにあたり、試しにフェイスブックでお名前を検索してみましたが、該当する人物はヒットせず。おばちゃんは不思議な余韻《よいん》を残して、僕の前から消えてしまいました。

でも、あのやたら元気なおばちゃんのこと。還暦を過ぎたはずの今もきっと、元気にお酒を飲んで笑っていることでしょう。

CASE 8

守護霊研究に明け暮れるダンディー霊能者

本物の霊能者を探し求めてはや二〇年超。この活動はつまるところ、「人は死後どうなるのか？」、「霊魂の世界は本当に存在するのか？」といった根源的な疑問を解決することを目的としています。

もし答えを持っている人がいるとするなら、それは死後の世界にいる人たちとコンタクトが取れる人物に違いありません。そんな考えから日々、道場破りのごとく自称・霊能者の皆さんと対峙《たいじ》し続けている僕ですが、ある日こんなタレコミが舞い込みました。

「四国の某所に、守護霊鑑定を専門にしている霊能者がいるよ。もともとは学者さんだった人で、地元のテレビでもちょくちょく取り上げられているみたい。よかったら紹介するけど、どうする？」

すかさず「うーん、守護霊か」と、難色を示すようなリアクションを取ってしまった僕。守護霊は何をどう言われようとも、視《み》えないこちらには答え合わせのしようがない分野です。おかげでわりと不毛な問答に陥《おちい》りがちで、今ひとつモチベーションが上がらないのが正直なところなのです。

でも、元学者という経歴はちょっと面白い。もしかすると、死後の世界をロジカルに解説してくれるかもしれません。ちょうど折よく四国出張が入ったこともあり、僕は結局、この先生に会いに行ってみることにしました。

向かったのは瀬戸内海に面した閑静《かんせい》な住宅街。果たして、今回はどのようなセッションが待ち受けているのでしょうか。

死後の世界の仕組みを探る

地形的な理由から、年間の降水量が非常に少ないことで知られる四国某所。でもその日は今にも雨が降り出しそうな曇天《どんてん》で、見ようによっては霊能者に会いに行くのに相応《ふさわ》しいどんより具合でした。

訪ねたのは住宅街の中に建つ、ごく普通の一軒家。レンタカーを門前に停めてインターホンを押すと、還暦《かんれき》前後くらいの女性が静かに出迎えてくれました。ターゲット（霊能者）は初老の男性と聞いていますから、おそらく奥さんなのでしょう。東京から持参した菓子折りを渡して、まずは「今日はよろしくお願いします」とご挨拶。

通されたのは二階の一室で、奥さんがコンコンとノックをすると、ドアの向こうから「どうぞ」と野太い声が聞こえてきました。

「では中へ。ごゆっくりなさってください」

奥さんはそう言い残して階下へ降りていきました。

ちょっとした緊張感を覚えながら、「失礼します」とドアを開ける僕。そこは立派な本棚に分厚い書物がひしめく、いかにも学者の先生っぽい感じの書斎でした。

「わざわざ遠くからようこそ。そちらにおかけください」

やっぱり野太い声でそう迎え入れてくれたのは、ポマードで少しテカった髪と整った口髭《くちひげ》が印象的な、ポロシャツ姿の男性でした。やや痩《や》せ型ではあるものの、声質といい全体に漂う清潔感といい、品のいいダンディズムを感じさせます。

室内はほのかにスモーキーに感じられました。ダンディな風貌からして、パイプを嗜《たしな》むのではないかと勝手に想像する僕。

というわけで、簡素な丸椅子に腰を下ろし、先生と向かい合う形で、本日もセッションスタート。


「死後の世界に興味をお持ちだそうですね」

そう口火を切ったのは髭ダンディズムな先生。僕の素性は仲介者からある程度伝わっているようです。

「ええ、子供の頃からそういう分野が大好きで。ちょうど四国へ来る用事があったものですから、厚かましくもお邪魔してしまいました」

僕がそう告げると、フッフッフッと口角を上げたヒゲダン先生。よかった、野太い声に反して親しみやすそうな雰囲気です。

今回は実は、カウンセリングの形ではありません。「霊的世界に興味を持つフリーライター」として面会のアポイントを取り付けているので、どちらかといえば取材に近いイメージです。そのため、いつものように将来がどうとか健康面がどうとかお聞きするのではなく、このヒゲダン先生の話を聞くこと自体が主目的。

こうした形を取らざるを得なかったのは、この先生がそもそもカウンセリング活動を行っていないためですが、それでも僕としては、「視える」というならぜひその真贋《しんがん》を見極めたいところ。どうにかそういう流れに持っていかねばなりません。

「僕もね、昔からそうした世界には縁があって、自分なりにずっと勉強を続けているんですよ」

「興味があって」ではなく「縁があって」と言ったのを僕は聞き逃しませんでしたが、その言葉の通り、難しそうな文献《ぶんけん》がぎっちり詰まった書棚の一角には、「来世」や「臨死《りんし》体験」と記された背表紙がいくつか見受けられます。柳田國男《やなぎたくにお》の『遠野物語』もちらりと見えました。

「あの、先生はもともと学者さんだったそうですが、ご専門は何ですか？」

「いやいや、学者じゃないよ。単なる在野の研究家。学生時代に民俗学をやっていた流れで、宗教学とか民間信仰の分野にも首を突っ込んでしまったんです」

おっと、早くも尾ひれが一枚、ハラリと剝《は》がれ落ちました。失礼ながら、学者と巷《ちまた》の研究家ではバリューが大きく異なります。内心で少し落胆した僕でしたが、構わずセッションを続けましょう。

「守護霊さんが視えてるんですか？」

「では、先生がそういう霊的な世界に関心を持ったきっかけは何ですか？」

「そりゃあもう、ずーっと昔から悩まされていたからですよ」

「……と、言いますと？」

「子供の頃から、周囲の大人には見えない人が僕には見えていたり、不思議なメッセージを受け取ったり、本当にいろんなことがあったからね」

「不思議なメッセージというのは？」

「彼らはよく話しかけてくるんだよ。わかってくれる人をずっと探してるんだろうね。人間と同じで、構ってほしくてしかたがないんだ」

ほほう。徐々に香ばしさが増してきました。……って、よく見たら先生のデスクの片隅で、お香らしきものが焚《た》かれています。

そんな僕の視線に気づいたヒゲダン先生は、「あ、煙《けむ》かったかな？」とうっすら煙を吹いている小皿を少し遠ざけてくれました。

「お香がお好きなんですか」

「いや、これはお香じゃなくてセージの葉なんだ」

「セージ？」

「うん、ホワイトセージ。聖なるハーブと呼ばれていて、これを焚いておくとおかしなのが入ってこないの」

ダンディな物腰とは裏腹に、なんだか女子力の高いことを言う先生。「おかしなの」というのは霊的なヤツを指しているようです。

でもたしかに、セージの葉に除霊効果があるという話はこれまでも他の自称霊能者から聞いたことがあります。彼らの世界では常套手《じょうとう》段なのでしょう。この部屋がなんとなくスモーキーなのは、パイプではなくこいつが原因だったようです。

ヒゲダン先生はその後、ご自身の幼少期の体験をあれこれと丁寧《ていねい》に語ってくれました。四、五歳くらいの頃までは、リアルな人間と霊の区別がつかなくて苦労したこと。通っていた小学校では、自分にしか見えていない体育の先生がいたこと。プールは死者の念が深く、怖くて入れなかったこと……etc。

どれもこれも聞いている分にはなかなかの面白トーク。過去には地元のローカル番組で、素性を隠してこうした体験談を披露《ひろう》したことがあるのだそうです。

つい夢中になって聞き入ってしまい、気がつけばあっという間に一時間が経過していま

聖なるハーブを焚くとおかしなのが入ってこないの
女子力高い！

した。いかんいかん、このまま手ぶらで帰ってはルポライターの名折れというもの。ここらで僕は少し踏み込んでみることにしました。

「――ところで先生、僕の後ろにも今、何らかの守護霊さんが視えてるんですか？」

お金を払っているわけでもないのに能力（？）を使わせるのは気が引けるものの、話の流れ的にはこう言われても不自然ではなかったはず。

するとヒゲダン先生は眉《まゆ》ひとつ動かすことなく、「もちろん」とひときわの低音ボイスで言いました。

これには内心、「キターーーッ」と高まるものがありましたが、過剰なリアクションは控えて次の言葉を待ちます。

「誤解している人が多いけど、守護霊に護られていない人間なんていないんだよ。誰しも皆、必ず護られているものなの」

「そうなんですか？　それはやはりご先祖様なんですかね」

「必ずしもそうとは限らないよ」

「すると、たとえば僕の場合は後ろに誰が……」

ヒゲダン先生はここで、少し困ったような表情を浮かべました。どう説明したものか、言いよどんでいるようです。

「その話をするには、先に守護霊とはどういうものかを理解してもらう必要があるね」

「ぜひ教えてください」

するとヒゲダン先生はすっと立ち上がり、圧迫感のある書棚から三冊ほど本を抜き出し、パラパラとめくり始めました。そしてあるページを開いて指で示しながらこう言います。

「まず、守護霊ってのは総称なんだよ。守護霊の中には主護霊や指導霊、支配霊、補助霊など、役割に応じて様々な霊がいるの」

ヒゲダン先生がその系統図のようなものが載ったページを指差しながら言ったので、幸いにして「守護霊」と「主護霊」の字面の違いはすぐに認識できました。そういえば懐かしのオカルト漫画、『うしろの百太郎』でも似たような解説がされていたのを思い出します。

いわく、守護霊とはチームで編成されていて、主護霊はその中のリーダーのような存在なのだそう。そして指導霊はその人物の行動を司《つかさど》り、主に仕事や趣味の面をサポートする役割。支配霊は生物としての生涯の全体を俯瞰して支える役割。補助霊はそうした守護霊チームの補欠のようなもので、主護霊や指導霊の働きを補完する立場なのだとヒゲダン先生は教えてくれました。

ついに明かされた大霊界のシステム⁉

……でも、こうして役職が分かれているのって、いかにも俗っぽい。というか、はっきり言ってしまえば嘘《うそ》くさい。一体誰がどういう経緯で僕の主護霊や指導霊に就任したというのか。できるものなら、自分で面接して優秀な人材を選びたいのですが。

「そのあたりのことは僕も研究中だけど、向こうのもっと大きな意思が作用しているようだね。つまり僕らが自分で決められることではないんだ」

そもそも、補助霊という補佐役が必要である時点で、彼らにも作業量のキャパシティが存在するのだと推察《すいさつ》できます。「だめだ、手が回らないから誰か手伝って！」みたいなことが向こうの世界でも行われているのだとすれば、僕らがイメージしているものとは随分様子が異なります。

「……では、先生の目には今、僕の背後に大勢の守護霊さんが視えているんですね？」

「うん、うっすら視えてるね」

なんで急に「うっすら」なんだよと思わなくもなかったですが、そんな先生の予防線に構うことなく追い込みをかけます。

「それは僕の先祖ですか？」

「そういう血筋《ちすじ》の人もいるよ」

「すると、それ以外の人はまったくの赤の他人？」

「現世での血筋でいうとそうだけど、魂レベルではちゃんと関わりがあっていまあなたに寄り添っているんだよ。無関係ということはない」

どうやら血縁関係というのは、あくまでハード（肉体）の側の問題であって、魂レベルでは些末《さまつ》な問題というのがこの先生のスタンスのよう。

「先生は僕の守護霊の誰かと直接お話しできるんですか？」

「そうだね。できる時もあるけど、いまは難しいかな」

「え、それはなぜですか?」

「うまく波長が合ってない」

なんて都合のいい言葉なのでしょう。

「もしかして、セージを焚いてるからじゃないですか」

「そういう問題じゃない」

「でも、セージには除霊効果があるんですよね。もしかして僕の守護霊さんたち、苦しそうにしてません?」

「いや、これは悪い霊にしか効かないから大丈夫」

ううむ、殺虫剤だったら害虫以外の虫にも作用しちゃうのに。セージってそんなに高性能なのか。


結局、こうしたご都合主義的な設定に基づいた問答をしばし続けたものの、ヒゲダン先生の話からは、守護霊の実在を裏付けるような材料は見つからず。そのうち帰りのフライトの時刻が迫ってきました。

ここらが潮時《しおどき》。そう判断した僕は、丁重にお礼を言って席を立ち、「またぜひお話を聞かせてください」と言うと、先生は「いつでもどうぞ」とにこやかに返してくれました。これは下手をすると、「対話篇」のオカルト版が書けそうです。

そのまま玄関まで見送りに降りてきてくれたヒゲダン先生。僕は靴を履きながら、最後にふとした疑問を口にしました。

「先生も僕も、いつか死んだら誰かの守護霊になるんですかね？」

「さあ、どうだろう。誰でもなれるわけではないから、まずそのランクまで自分を高めないといけないよね」

魂にもランクがあるのかよ……。どうやら格差社会は無限に連鎖《れんさ》しているようです。というか、死んだあとも働かなきゃいけないこと自体、考えれば考えるほど気が滅入りますな。

「じゃあ先生。縁起《えんぎ》でもないですけど、いつか先生がこの世を旅立たれたら、向こうから僕にメッセージを送ってくださいよ」

「フフフ……。わかった、おっ死《ち》んだらすぐ会いに行くよ」

「いや、怖いので直接来るのはやめてください」

「でも、それが一番わかりやすいじゃないの。行くよ」

「うーん。まあ、じゃあそれでお願いします……」

まるで「お互い三〇歳になっても独身だったら結婚しよう」と約束する幼なじみのようなやり取りをして、僕は四国を後にしました。

今のところ、ヒゲダン先生からの連絡はありません。というかあの先生、まだお元気なのでしょうね。もし、いつか本当に我が家へやって来ることがあったら、やっぱり怖いのでセージの葉を焚かなければと思っているのですが……。

CASE 9

〝天使の使い〟を名乗る美少女系霊能者

どうやらスピリチュアルにも旬《しゅん》の時期というのがあるようで、たとえば年末年始はまさにそれにあたるタイミングです。

新年を迎えるにあたり、テレビも雑誌も運気の流れを占うコンテンツが激増し、年が明ければ神社に初詣《はつもうで》の参拝客が殺到する。日頃は神道《しんとう》に見向きもしない人でも、これをレジャーのように楽しんでしまうのは果たしていいことなのか。

気になってそのあたりの事情を調べてみたら、実は初詣とは、明治初頭から国家神道推進のために推奨《すいしょう》され始めた政策的行事なのだそう。江戸幕府解体後の新政府が、国をまとめる手段として神道を利用したわけですね。

つまり初詣は予想外に新しいイベントで、そうなると経済効果を見込んで成長したバレンタインデーやハロウィンと同じ匂《にお》いがしてきます。

……などとドライなことを言っていると運気が下がりそうで怖いのですが、今回も参りましょう。

洋の東西を問わず語り継がれる「天使」とは

突然ですが、皆さんは「天使」についてどのようなイメージをお持ちでしょうか?

人によっては溺愛《できあい》する我が子を天使と表現したり、あるいはドハマリしているキャバ嬢を天使と崇《あが》めるオッサンも存在したりしますが、一般的には背中に翼を持ち、頭の上に光の輪が浮かぶ子供の姿が思い浮かぶはず。

数年前の年始の頃、新年会で顔を合わせたスピリチュアル系に詳しい女友達に、「誰か腕のいい霊能者に心当たりない？」と何気なく振ってみたところ、思わぬ答えが返ってきました。

「霊能者は知らないけど、天使なら紹介できるよ」

「は？」

「その人、天使なんだって。人間じゃなくて」

「すると、背中に羽が生えてたり？」

「いや、見た目は普通の女の子だけど、オーラが見えたりチャクラを開いて肉体を活性化したりはできるみたい」

なるほど、あの手この手とよく考えるものだなあと感心しつつ、西洋色の強い天使と、アジア感の強いチャクラのセットはどうなのかと疑問を覚える僕。

しかし物の本によると、天使はキリスト教やユダヤ教だけでなく、イスラム教の聖典《せいてん》にも登場するそうで、いずれも神の使いとして描かれており、「御使い（みつかいい）」と呼ばれることもあるのだとか。

百聞は一見にしかずで、実在するならぜひ会ってみたいもの。さっそく友人を介してアポイントを要請しました。まさか本物の天使にお会いできる日が来るなんて。

現れたのはアニメ声の「天使ちゃん」

看板の類《たぐ》いは出さず、とくに宣伝もしていないのにクチコミで予約が絶《た》えないという天使さん。場所については固く口止めをされたものの、僕はその日、都内のわりといいエリアのマンションの一室を訪ねました。

ファミリー向けというよりも、お金に余裕のある単身者が多く暮らしていそうなデザインマンション。「天使ってこんな贅沢な部屋に住んでいるのか」と思いながらインターホンを押します。迎え入れてくれたのは、下手をするとまだ二〇代にしか見えない色白の美少女でした。

なるほど、たしかにこれは天使かも。

「お待ちしておりましたー」

なんというか、昔のアイドルのような鼻抜けのいいアニメ声。「天使さん」というより「天使ちゃん」と呼びたくなる物腰です。

前金制とのことなので、先にカウンセリング料二万円（六〇分）を支払い、応接ルームへ。全体的に装飾品が少なく、壁紙もカーテンもソファもすべて白を基調としているのを見て、「天使カラーはやはりホワイトなのかな」などと思ったものです。

まずは名前や生年月日、血液型、住所など、一通りの情報を用紙に記入。その間に天使ちゃんがハーブティーらしきものを淹《い》れてくれました。生活感があるようでないこの雰囲気が、どこか非日常的で緊張します。

「今日はヒーリングではなく、カウンセリングのほうでよろしいですか？」

やはりアニメ声でそう言われ、すかさず「はい。オーラを見てもらえるとお聞きしたのですが」と返しましたが、その前にいろいろ聞いておきたいことが山積みです。

「あの、ヒーリングというのは、どこか体の悪い部分を治してくれるんですか？」

「厳密に言うとそうではないです。エネルギーを受け取るチャクラに働きかけて、インナービユーティーを目指すというのが基本ですね」

「は、はあ……」

表情をまったく変えずにそう語る天使ちゃん。インナービユーティーってのはてっきりスピリチュアル用語なのかと思ったら、これは美容の分野でたまに使われる用語なんですね（あとで調べた）。ダイエットやデトックスなど、体の中からキレイになろう的なアレです。

ためになるチャクラとオーラのお話

声に反して基本的に表情に乏しい天使ちゃんですが、かといって無愛想なわけではなく、淡々《たんたん》と、しかし饒舌《じょうぜつ》に言葉を発しているイメージです。こちらも取材モードにスイッチを切り替え、あれこれ質問を重ねてみることに。

「チャクラというのが今ひとつわかっていないのですが、これは僕も体のどこかに持っているものなんですか?」

「もちろんです。チャクラは心身やオーラにエネルギーを届ける、いわばエネルギーセンターのようなもので、人は誰しもここから自然界のエネルギーを取り込んで、体内を活性化させているんです」

「すると、なんだか体調が優れないようなときは、チャクラをいじれば復活するようなことも?」

「そうですね。チャクラバランスを整えてあげるだけで、様子はだいぶ変わると思いますよ」

天使ちゃんいわく、ヒーリング目的でやってきた客には、まずチャクラの状態を診断して、その人のネガティブな思考を解きほぐしながら、オーラを浄化して身も心も美しく整えてあげるのだそう。

——と、ここまでの短いやり取りを経て、いつもと比べてちょっとガーリーなノリに「ここは野郎が訪ねる場所ではなかったのでは……」と不安になり始めた僕。いっそ目の前でスプーンのひとつもねじ切ってもらえれば、手放しで喝采《かっさい》を送るのですが、天使ちゃんはそういう路線ではありません。

でも、天使を名乗るからには、何らかの天啓があってこの仕事をしているはず。もう少し彼女自身について掘り下げてみましょう。

「チャクラバランスを整えられるというのは、人間にはない特別な力なんですか?」

「誰にでもできるわけではないので、生まれ持ったものではありますね。ただ、特別かと言われると、私は普通の人間なのでなんとも……」

「あれ、先生は天使じゃないんですか？」

　てっきりそういう設定でやっている人だと思っていたので、これはちょっと予想外。むしろ僕のほうが、天使だと信じてやってきたイタい奴みたいになってしまいました。でも、次の言葉はさらに予想の斜め上を行くものでした。

「いえ、私は天使のお力を借りている立場です。二〇〇〇年代に入ってから、地上に流れてくる女神のエネルギーが増え続けているので、こうしてチャクラを整えることで、多くの人を浄化するお手伝いをしているんです」

「女神のエネルギー……」

「ディクシャと言い換えることもありますね。ディクシャはサンスクリット語から派生した祝福を意味する言葉で、人々の心身に届けられる聖《せい》なるエネルギーです」

「ディクシャ……」

「そう、ディクシャです。女神の力を借りてエネルギーの波動を高いレベルに調整することで、人は幸せになれますから。ご存じのように高次の存在である大天使の働きかけを知り、ミカエルやラファエル、ウリエルとのエンジェルリンクを得ることで、人の心身の状態は大きく変わります」

　ラファエル……ウリエル……エンジェルリンク……って、だんだん手に負えなくなってきました（※実際にはこの三倍くらい専門用語をまくしたてられています）。

天使ちゃんは天使の下請《したう》け業者だった!?

なんだか密室で悪い宗教の勧誘を受けているような気分になってきたので、話題を変えることにします。

「先生はいつからそうやって天使のお仕事を手伝ってるんですか？」

「厳密には言いにくいですね。生まれたときから何かのかたちでは関わり続けているので」

「じゃあ、実際に天使の人とお話しされたことも？」

もちろん、と言いたげに無言で頷《うなず》く天使ちゃん。

「どんなふうに指示が来るんですか。テレパシーみたいなやつ？」

「そうですね、そういうイメージでいいと思います。私は天使の使いなので、時間軸とは関係なく常に何かを受け取っています」

〝天使の使い〟などという、「頭痛が痛い」みたいな表現にじわじわくるものを感じながら、真面目な表情を保《たも》つ僕。要は孫請け、ひ孫請けの業者が天界にもいるわけですな。

ともあれ、カウンセリング開始からはや三〇分。天使ちゃんというより不思議ちゃん色が強くなってきたので、さっさとオーラを診《み》てもらうことにしましょう。

「先生、そろそろオーラのほうをひとつ……」と切り出すと、天使ちゃんは同じ部屋の片隅に置かれている、別の椅子に移動するよう僕に言いました。やはり白いテーブルチェアが部屋の角に向かってぽつり。椅子の前は壁ですが、小さな鏡がセットされています。

「では、しばらく心を落ち着けて目をつぶっていてくださいね」

言われるがまま、少し深めの呼吸をしながら目を閉じる僕。見えてないので細かいことはわかりませんが、天使ちゃんは何やらぶつぶつ言いながら、たまに僕の肩のあたりをスッスッと指でなでてきます。

うら若き女性の部屋でいったい何をやっているのかという気もしますが、時間にしておそらく五分程度。

天使ちゃんの「――はい、ではゆっくり目を開けてください」の声に従い、僕は目の前の鏡に目をやりました。

ちょっとシラけた表情の自分の顔がうつっています。

ミカエルやラファエル、ウリエルとの
エンジェルリンクを得ることで〜

ようやく診《み》てもらった僕のオーラは……

その後、再びソファのほうに戻されてから、あらためてオーラ診断の結果説明が始まりました。てっきり何色だからどうと言われるものだと思っていたら、天使ちゃんの言葉はここでも予想の斜め上。

「友清さんのオーラは、簡単に言うとウリエルとガブリエルが半々といったバランスなんです」

「え、ウリエル？　ガブリエル？」

いや、ウリエルはさっきも出てきた気が……。そうだ、大天使の名前でしたっけ。

「大天使ウリエルは美と創造性を司《つかさど》り、大天使ガブリエルは喜びや対話を司っています。このオーラからすると、今のお仕事はまさに天職と言って良さそうですよね」

そう言われて悪い気はしないものの、「はあ」としか返せない僕。天使ちゃんはその後も、ウリエルとガブリエルについて長々と語ってくれましたが、まったく興味のないファンタジー小説を読み聞かせられているようで、正直ほとんど記憶に残らず。

最後に彼女は、僕がこの仕事でさらに良い方向へ進むためには、二人の大天使に感謝を捧げ、心の中で祈り続けることだとアドバイスをくれました。

時計を見れば、スタートからちょうど六〇分に達したところ。とりあえず時間いっぱい、お腹いっぱい。本物の天使に会えなくて残念でしたが、退散することにいたしましょう。

帰りがけ、靴を履きながら下駄箱の上にちらりと出雲《いずも》大社の御札が見えました。さっきまで聞いていた設定からすると、いかにも場違いな代物《しろもの》に見え、思わず「こういうの祀《まつ》るんですね」とぽろり。すると、天使ちゃんはなんだか居心地悪そうにはにかみながら言いました。

「昨年のものなので、返しに行かなければいけないんですけど、時間がなくてつい。今年はまだ初詣にも行けてないんですよー」

天使の使いなのに、初詣にも行くんだ……。おまけに出雲大社といえば縁結びの神様です。カウンセリングタイムが終了して気を抜いたのか、急に女の子らしいプライベート感が漂い始めた天使ちゃん。

とても本物認定はできませんが、その様子に「可愛いから許す！」と心の中で告《つ》げて、僕はマンションを後にしたのでした。

CASE 10

知られざる実力派⁉
謎めいた初老コンビ

映画やドラマには、〝バディもの〟と呼ばれるジャンルがあります。コンビが活躍するエンターテインメントで、テレビドラマの「相棒」シリーズなどはその典型例でしょう。シャーロック・ホームズとワトソンのコンビもこれに相当するかもしれません。

実はスピリチュアルの世界にも、名バディが存在します。いえ、正確に言うと存在していました。

残念ながら現在は廃業してしまったようですが、これは僕の長きに渡る活動の中でも、忘れられない事例のひとつ。今なお思うことの多い体験なのですが、この場を借りて振り返ってみることにしましょう。

大きく報じられた殺人事件の陰に霊能者あり

僕がまだ二〇代の頃の話です。僕は当時、雑誌や書籍の仕事をこなす傍《かたわ》ら、千代田区内にオフィスを構える小さな広告制作会社とお付き合いしていました。出版の世界とはまた少し違ったカルチャーに触れられる上、ギャラがいいので非常に重宝していたクライアントです。

ある日、その会社のTさんという女性ディレクターと雑談していたら、こんな話題が飛び出したのです。

「ちょっと前に、サラリーマンの男性が奥さんにめった刺しにされて殺された事件があったの、覚えてる?」

「ああ、けっこう大きなニュースになってましたよね」

これは当時、それなりに世間を騒がせた大事件でした。会社から帰ってきた夫を妻が包丁《ほうちょう》で刺殺したもので、夫が仕事に忙殺されるあまり家庭不和に陥《おちい》り、心を病《や》んだ妻が凶行に及んだ――というのが大まかなあらまし。

「あの被害者の男性、うちの会社のYさんの知り合いだったのよ」

「え！　それは……、なんと言っていいかわかりませんが、大変でしたね」

「お葬式にも参列したみたいで」

「あんな事件が身近で起きたら、Yさんのメンタルも心配になりますよ」

僕自身はそのYさんとほとんど交流はありませんでしたが、ニュースで見ていた殺人事件が身近なところで繋《つな》がると、なんだか胸中穏やかではいられません。すると、話は思わぬ方向へ。

「うちの会社のメンバーが何人もお世話になってる、凄腕《すごうで》の占い師がいてね」

「はあ」

「私も見てもらったことがあるんだけど、その先生がとにかく当たるの。仕事や家庭の状況とか、言わなくても全部見えてるような人で」

「占い師というより霊能者っぽいですね」

「そうそう、まさにそんな感じ。実はYさんも何度かその先生に見てもらっていて……」

話を要約すると、Yさんが数カ月前にその占い師の元を訪れた時のこと。Yさんは主に、自分の仕事のことを相談したようですが、最後にふと思い立って、「先生、今度友人を連れてきてもいいですか？　家庭のことで随分悩んでいるので……」と告げたそう。すると、その占い師はこう言ったのです。

「構いませんよ。ただ、急いでくださいね。早くしないと来られなくなってしまいますので」

――もう、おわかりでしょう。Yさんが占い師の元に連れてこようとした友人こそが、その事件の被害者なのでした。

メディア露出なし、鑑定料わずか三〇〇〇円の本物感

このエピソードに、思わずゴクリと生唾《なまつば》を飲み込んだ若かりし頃の僕。

もっと早く、引きずってでもその先生のところに連れて行っていれば、惨事《さんじ》を未然に防ぐことができたかもしれない――。聞けば事件の後、Yさんはそう自分を責《せ》め、悔やみ続けているのだそう。もちろん、Yさんに非などあろうはずがないのですが。

一方、最初のうちこそ神妙に耳を傾けていた僕ですが……。やはり、どうしても好奇心を抑えることができず。亡くなった方のことを思えば不謹慎かと思いつつも、「その先生、僕にも紹介してもらえませんか？」と言わずにはいられませんでした。

「いいけど、あまりお勧めしないよ？」

「え、なぜですか？」

「本当に何でもわかってる人だから、一度見てもらうと、もう何も自分で決められなくなっちゃうのよね」

「……………!」

Tさんのそんな忠告も、むしろ火に油。聞けば、都内某所に住んでいるその先生は、メディア露出は一切しない方針で、鑑定料はたったの三〇〇〇円なのだそう。営利に走っていないあたりに本物感がぷんぷん漂います。

果たして、首尾よくTさんの仲介を取り付けた僕は、それから数週間後、ドキドキしながらその先生の自宅を訪ねることになりました。まだグーグルマップなどない時代ゆえ、入り組んだ住宅街で目的の家を見つけるのに難儀《なんぎ》しましたが、たどり着いたのは周囲の風景に溶け込んだごく普通の民家です。

インターホンを鳴らすとすぐに、和装の男性が、「いらっしゃい!」と軽妙な口調で出迎えてくれました。白髪交じりの角刈り頭で、なんだか下町の角打《かくう》ちで酒を呷《あお》っていそうな量産型のおじさんです。いなせな感じが予想と大きく異なりますが、この人が件《くだん》の先生なのでしょうか。

畳敷きの居間に通され、座布団に正座する僕。とりあえず天気の話題などで自分の緊張をほぐそうと試みましたが、角刈りの先生はあまり雑談にはのってきません。こちらの有《あ》り体《てい》なトークはすべて、「ええ」とか「まあ」とか「ははは」で適当にあしらわれるばかり。かといって、占いめいたことを始める素振《そぶ》りもなく、一体これは何の時間だろうかと疑問に思い始めた頃、スッと襖《ふすま》が開いて、おもむろにもう一人、初老の男性が部屋に入ってきました。

こちらの男性は和装ではなく、セーターにスラックスというごく普通の装い。角刈り先生よりも少し歳上に見えますが、正直よくわかりません。

男性は「お待たせしました」と小声で言いながら、角刈り先生の隣に腰を下ろしました。それと同時に、角刈り先生が「よし、じゃあ始めましょうか」とこちらに向き直ります。

（え、二対一なの……？）

思いも寄らない構図に戸惑いを隠せない僕でしたが、正面に座る角刈り先生は意に介さず、流暢《りゅうちょう》に口を開き始めました。どうやら角刈り先生は、この男性の入室を待っていたようです。

「Tさんのご紹介でしたっけ。彼女、仕事は順調みたいだけど、結婚はまだまだ当分先になりそうだねえ」

そう言って笑う角刈り先生。それは特殊な能力でTさんの将来を見通したのか、それとも単なるハラスメントなのか、今ひとつ掴《つか》みきれません。


「あなたのお父さん、借金してるよ」


「あなたもTさんと同じような仕事をされているの？」

「そうですね、似たようなジャンルではあります。僕はライターなので執筆専門ですが」

「文章家ってやつだ。いいよね、風情《ふぜい》のある仕事だ」

ライターという仕事をどう解釈したのかわかりませんが、どこまでも口調の軽い角刈り先生。それとは対照的に、隣の男性は無表情のまま、ひとことも喋《しゃべ》りません。というか、僕のほうを見ようともしないので、正直ちょっと不気味です。

「じゃ、まずは生年月日と名前、それから家族構成をここに書いてくれるかな」

角刈り先生はそう言うと、便箋《びんせん》のような紙とボールペンを僕の前に置きました。僕がペンを動かしている間も、角刈り先生は様々な話題を振ってきます。といっても、「お父さんは何の仕事をしているの？」とか、「なんで文章を書こうと思ったの？」とか、他愛のない話ばかりですが。

角刈り先生がぺらぺら喋り続けることおよそ十五分。その間、微動だにしない隣の男性が、なんだか物凄く不自然な存在に思えてきました。もしかして、この男性の姿は僕にしか見えていないんじゃ……。

大真面目にそんな考えが頭をよぎった矢先、角刈り先生が隣の男性にヒソヒソッと何かを囁《ささや》いたので、「よかった、幽霊じゃなかったんだ」とひと安心。そしてここから場の空気が一気に変わります。

「ええとね、あなたのお父さんなんだけど、ご商売あんまりうまくいってないみたいだねえ」

「え、父ですか？」

「うん、実のお父さんだよ。今どんな感じ？」

「以前は商社にいて、今は小さな金融会社の役員に収まっていますけど……」

するとと角刈り先生、また傍《かたわ》らの男性とヒソヒソ。そしてこう言いました。

「たぶんお金に困ってるね。借金してるよ。それも、わりと大きな額だ」

「え……」

どう答えていいのかわからず絶句してしまいましたが、考えてみれば家のローンがまだ残っているはずなので、当たっているといえば当たっています。その後も角刈り先生は、間にヒソヒソを挟みながら、次々にいろんな角度から物を言います。

「あなたのおじいちゃんはわりと早くに亡くなっているみたいだけど、あなた自身は健康に恵まれたね。これは親に感謝しないと」

「あなたの一番の武器は〝縁〟だから。これからもいろんな人が助けてくれると思うけど、それにあぐらをかいてはいけないよ」

「仕事面はしばらく何の問題もない。当面は右肩上がりでやっていけるんじゃないかな」

まくしたてるようにいろいろ言われる中で、二人の役割分担のようなものが少しわかってきました。

おそらく、隣の無口な男性は僕を〝視る〟ことに徹しているようで、角刈り先生は〝引き出す〟役目。角刈り先生が何か未来的な予測を口にする前には、必ず二人のヒソヒソがあることから、これは間違いないでしょう。

今だからわかる初老コンビのすごさとは⁉

ちなみに、父方の祖父が七〇代前半の若さで、「わりと早く」亡くなったのは事実です。僕が健康なのも、まあ当たりでしょう。「いろんな人が助けてくれる」というのも異論はなく、今もこうしてフリーランスでやれているのは間違いなく周囲のおかげです。

ただ、正直に言えばこれらの助言のどれもが、さほど切れ味のいいものには感じられず、なんとなく当たっている気はするものの、「こんなものか」と少々期待はずれに思えたのも事実。

このほかにも角刈り先生は「お母さんを大切にしておやりなさい」とか、「何事も思い立ったが吉日《きちにち》だよ」などと当たり障《さわ》りのないことをおっしゃっていましたが、この日はおおよそ、そんなところでカウンセリングを終えました。

後日、Tさんに「どうだった?」と聞かれた際には、「うーん、まあ貴重な経験でした」と歯切れ悪く答えたことを覚えています。

ところが――。うちの親父が莫大な借金をこさえていることが判明したのは、それから二、三年ほど経った頃でした。

恥ずべき我が家の乱ですから詳細は伏《ふ》せたいところですが、先物取引やら何やらに手を出していた父は、人知れず借金を膨《ふく》らませていたのです。なまじキャリアのある人だったので借金能力の高さが仇《あだ》となり、それはそれは、けっこうな額の借金を抱えていました（もちろん家族はドン引き）。

ここ数年は母にバレないようにゴニョゴニョやっていたようですが、いよいよ「もうダメだ！　マイホームを売らねばならん！」となった段階で家族に白状するに至ったようで、まあビックリしましたよね。なにしろ結果を見れば、あの時に初老コンビの言っていたことは見事に的中ということになるのですから。

惜しまれて消えたコンビ打ち霊能者

結局このあと、両親は熟年離婚することになり、僕自身も父とはすっかり没交渉。こうなると、「両親を」ではなくあえて「お母さんを大切に」と言われたのも、なにやら意味深く思えてきます。

不思議な力を持っているのは角刈り先生ではなく、〝じゃないほう〟の無口な先生で間違いないでしょう。このお家騒動の後、僕は日常生活の至る所で、あの初老コンビに会いに行く口実を探すようになりました。ちょっとした悩みや迷いに直面するたびに、「そうだ、あの二人に聞いてみよう」と反射的に頭をよぎるのです。

ただ、これこそがTさんの言う「何も自分で決められなくなっちゃう」状態なのだと気づくまでに、さほど時間はかかりませんでした。

いくら本物っぽいとはいえ、こういうハマり方はよくありません。そう自戒したことが、三つのマイルールのうちのひとつ、「本当に悩んでいる時は霊能者に会わないこと」に繋《つな》がったわけです。

その後、僕自身が離婚を経験した際、ゴタゴタが片付いて平穏を取り戻した段階で、「心機一転、今こそあの初老コンビに今後のことを視てもらおう」と考えたことがありました。

ところが、どうしても連絡先が見つかりません。あるべきはずの場所にメモがなく、頼みの綱のTさんもすでに退職して久しく、音信不通の状態です。

そうやってグズグズしているうちに、風の噂でお二人が廃業したと聞きました。どうやら、角刈り先生がお亡くなりになられたようです。こんなことなら四の五の言わず、「思い立ったが吉日だよ」という角刈り先生の言葉に従い、すぐにでも再訪するべきだったのかもしれません。

いつかまた、こういう霊能者に出会えればいいな——。僕はそう願って、本物の霊能者を求めて今も東奔西走《とうほんせいそう》しているのです。

CASE 11

思いがけない出会いが続々⁉
宮崎ツアー回顧録

本物の霊能者を求めて全国をめぐっている僕ですが、この活動、旅のスパイスとしてもなかなかオツなものです。

観光地を見物し、旨《うま》い地酒を堪能するついでと割り切ってしまえば、たとえ遠路はるばる訪ねた相手が「ど」の付くインチキであったとしても、まあご愛嬌《あいきょう》。まして、それなりにいい線いってる霊能者に会えようものなら、忘れられない思い出となるでしょう。

実際、これまでにお会いした霊能者（もちろん自称を含む）には、どこかしらの地方で直撃した人が少なくありません。たとえば今から七、八年前の春に宮崎県を訪れた際には、とりわけスピリチュアルな邂逅《かいこう》が重なり、一泊二日の小旅行が期せずして大充実の旅になりました。

やはり、欲する者のアンテナには求める情報が引っかかるようにできている。今回は、あらためてそう実感させられた二日間の回顧録をお届けします。

宮崎県の有名な心霊スポットへ

宮崎県といえば、かつては新婚旅行の名所として栄え（といっても半世紀前の話らしいですが）、プロ野球チームがキャンプを張るなど、何かと話題の多い地域。スピリチュアル的には天孫降臨《てんそんこうりん》の地である高千穂峡《たかちほきょう》も有名ですね。

大昔、どげんかせんといかん知事のインタビューで県庁を訪ねた際には、「宮崎はサーフィンもスキーもできる全国でも珍しい場所なんです！」と熱烈アピールされたものですが、確かに見どころに事欠かない土地柄ではあります。

しかし、その日の僕のお目当ては海でもゲレンデでもなく、「関之尾滝《せきのおのたき》」という景勝地でした。大滝《おおたき》・男滝《おたき》・女滝《めたき》という大小三つの滝からなる、「日本の滝百選」にも指定されている名《めい》瀑《ばく》です。

ところがこの滝、地元では心霊スポットとして名を馳《は》せており、一昔前には自殺の名所として身を投げる人が後を絶たなかったとか……。

試しに検索してみると、ネット上にはその手の話題があふれんばかり。やれ「シャッターを押せば必ず霊が写る場所がある」だの、「トイレで首吊り自殺が発生した」だの、マイナスイオンを吹き飛ばすような情報がわんさかヒットします。

中には「絶対に行ってはいけない」と警告するサイトまであり、物好きな僕もさすがにちょっと怯《ひる》みましたが、これは遊びではありません。この時、僕は仕事で全国のミステリースポットをまわっており、その取材リストの中に関之尾滝があったのです。

滝壺に朱塗《しゅぬ》りの盃《さかずき》が浮かぶ……？　現地に残る怖い話

といっても、何もおどろおどろしい真夜中に訪れたわけではありません。むしろその日は気持ちのいい晴天で、午前のうちに宮崎空港に降り立った僕は、あらかじめ協力を要請していた現地の友人の車に乗って、関之尾滝へと向かいました。

所要時間は空港から小一時間程度。駐車場に車を停め、順路に沿って歩いていくと、すぐに雄大な滝が見られます。緑に囲まれたダイナミックな景観からは、物々しさなど一切感じられません。トレッキング客の姿もちらほら見られ、ただただ爽《さわ》やかなスポットです。

では、なぜここが心霊スポット扱いされているのかというと、これはおそらく、この滝に残された伝説に理由があるのでしょう。

今からおよそ六五〇年前、都城島津家《みやこのじょうしまづ》の殿様がここで月見の宴《うたげ》を催した時のこと。殿様はお雪という美貌《びぼう》の腰元を見初め、酌《しゃく》をさせました。ところが、緊張のあまり手元を狂わせたお雪は、あろうことか酒を殿様の着物にこぼしてしまいます。

この失態に責任を感じたお雪は、死んで詫《わ》びようと、朱塗りの盃を手にしたまま滝壺に飛び込んだ——というのが言い伝えのあらまし。

それ以来、名月の晩になると滝壺に朱塗りの盃が浮かぶと言われ、お雪の悔恨《かいこん》の念が今なお強く残っていると信じられているのです。

これが単なる怪談話に終わらないのは、今も滝壺付近の岸壁に、こんな歌が刻まれているからです。

書きおくも
形見となれや

筆のあと
又あうときの
しるしなるらん

これは死んだお雪の恋人が当時、悲しみのあまり槍《やり》の穂先で刻んだものなのだとか。怖いんだかロマンチックなんだか判断に迷う部分もありますが、この場所に数々の怪談が生まれるのも納得してしまいます。

県内で活動する霊能者情報をゲット

二時間ほど周辺を散策し、様々な角度から関之尾滝を撮影しましたが、とくに写真に不思議なものが写っているようなこともなく。ミステリースポットの取材としてはむしろ物足りなさすら感じましたが、とにかく昼過ぎには取材を完了し、翌日のフライトまで自由

の身となりました。

といっても、飲みに繰り出すにはまだ早い。どうしたものかと思案していたところ、友人からこんな提案がありました。

「宮崎にも有名な占い師がいるけど、行ってみる？」

「僕が探しているのは、占い師じゃなくて霊能者なんだけど」

「でも、心霊写真の鑑定とかもやってる人らしいよ」

「ナニ！　それは面白そう。今すぐ行こう！」

すると友人はその場で何人かの仲間と連絡を取り合って、件《くだん》の霊能者の電話番号を突き止めてくれました。すぐに電話をかけてみると、男性の声で「すぐに来れるなら、お待ちしているのでいらっしゃい」と言うではありませんか。心霊スポットからの霊能者とは、思いがけずスピリチュアルなツアーになりました。

指定された住所は、関之尾滝からそう遠くない市街地。公営住宅らしき平屋が建ち並ぶエリアで、とても名のある霊能者が暮らしている街には見えません。

「一時間後に迎えに来る」と言い残した友人を見送ると、僕はさっそくインターホンを鳴らしました。中から出てきたのは、ニット帽をかぶった五〇代くらいの小柄な男性。挨拶もそこそこに、家の中へ。

二間の室内はまるで生活感がなく、最低限の家具しか置かれていません。ここは彼の住居ではなく、サロン的な場所なのでしょう。ともあれ、ちゃぶ台を挟んで向かい合わせに座し、さっそくセッションスタートです。

「今日はどちらから?」

「朝の便で東京から来ました」

「観光か何かで?」

「そんなようなものです。今日は関之尾滝に行ってきました」

「ああ、あそこね。あそこは良くないよ」

「……と言いますと?」

早くも内心、「おお」と色めくものを感じながら、先生の朴訥《ぼくとつ》とした口調に耳を傾ける僕。

あの県内随一の心霊スポットは、霊能者の目には一体どう見えているのでしょうか。

テレビ番組からのオファーが絶えない心霊写真鑑定士

「すごく霊的なパワーに満たされた場所なんですよ、あの周辺は」

「それって、お雪の伝説に関係しているんでしょうか?」

「それはわからないけど、もともと古くから人が集まって活動していた場には、どうしても霊的な気が溜まりやすいから」

これは霊能者を名乗る人がよく言う話です。殿様が宴会を開くくらいですから、滝の周辺に昔から多くの人出があったのはきっと事実なのでしょう。

「あまり近寄っちゃいけなかったですかね。もしかして僕、何か連れてきちゃってます？」

「うーん」

「………（うーんってなんだよ）」

「あの滝の上にある×××という施設。あそこにも立ち入った？」

「いえ、遠目には見ましたが、立ち入ってはいません」

「なら大丈夫でしょ。とくに日没後は、あそこだけは絶対に近づいたらダメですよ。本当に洒落《しゃれ》にならないから」

確信を持った口ぶりでそう語る先生。風評被害を避けるためここでは施設名を伏《ふ》せますが、普通に地域の活動などで使われていそうな場所だけに、「ホントかよ」と思わずにはいられません。ただ、断定的な口調が妙な説得力を感じさせます。

聞けばこの先生、幼少の頃から霊的なものが見えていたそうで、今は建設業の会社を営む傍《かたわ》ら、こうして紹介制でカウンセリングに応じているのだそう。というわけで、例によって仕事、健康、結婚の三大テーマをぶつけてみることに。

でも、仕事や健康に関しては、とくに目新しいアドバイスはなし。結婚についても、「三年くらいかかるかもしれないけど、あなたはちゃんと相応《ふさわ》しい人と然《しか》るべき時期に結ばれるよ」などと、女子なら喜びそうなコメントをいただけた程度。そこで、別の話題を振ってみることに。

「ところで、先生は心霊写真の鑑定もされていると聞いたのですが」

「はいはい、今もやってますよ」

「それはどういうお仕事なんですか？」

「テレビ局から依頼があるの。もう二〇年くらいやってるけど、最近はそういう番組が減ってきたので、年に三回くらいかな」

年に三度もテレビ番組に呼ばれるなら、霊能者としてはかなり売れっ子の部類でしょう。でも、僕はその手の番組をそこそこチェックしているほうだと思うのですが、この先生の顔や名前に見覚えはありません。

そこで「次の出演はいつですか？」とやんわりほじくってみると、スタジオに呼ばれるのではなく、制作会社から素材がまとめて送られてきて、そのひとつひとつに講評をつけて戻す形がメインなのだそう。まるでフォトコンテストの審査員のようです。

「最近はやっぱり動画が多いね。（押し入れの襖《ふすま》を指しながら）今もそこに送られてきたＤＶＤがどっさり入っているんだけど、ビルの防犯カメラとかタクシーのドライブレコーダーとかに不思議なものが映り込んでるから見てくれっていうのばかりだよ」

え、現物があるならぜひ見てみたい。そう思って「その映像、僕にも見せてもらうことはできませんか？」とか「実際に鑑定しているところを見たいのですが」などと言ってみたものの、「いや、ここにはＤＶＤのプレイヤーがないから」と拒否する先生。どっさりＤＶＤがあるのにプレイヤーがないとはおかしな話です。まあ、テレビ局のものですから、勝手に人に見せるわけにはいかないのは理解できますが……。

でも、そもそも本当にそんな素材が送られてきているのかどうか、いまいち信じられません。要はこの先生の言うことはどれも、口八丁の域を出ていないのです。せめてDVDの現物だけでも確認できれば、少なくとも霊能者として認知されている証明になるのですが。

とはいえ、もちろん勝手に押し入れを開けるわけにもいかず、ほどほどでタイムアップ。収穫といえば、関之尾滝に関する怖いコメントが拾えたことくらいでしょうか。

夜の繁華街で出会った「宮崎の母」

さて、宮崎編は実はこれで終わりではありません。その夜、市内のホテルにチェックインした後、友人が勧める居酒屋で食事をとった僕たちは、その後も二軒、三軒と地元のバーをホッピングしていました。

すると繁華街の一角に、「ガス燈」と描かれたレトロな看板が視界に飛び込んできました。スナックにはさほど興味がないのですが、なんとなく気になって近づいてみると、店名の下に「宮崎の母」と書かれたプレートが掛かっています。どうやら占いスナックのよう。これは一興です。

さっそく飛び込んでみると、店内は無人。……と思いきや、ソファ席にどっさりと身を預けていた老婆が、「あら、いらっしゃい」と言いながらゆっくりと起き上がりました。まるで気配を感じなかったので、ちょっとびっくり。歳の頃で言えば、八〇歳前後くらいでしょうか。

「あの、ここは占ってもらえる店なんですか?」

「ええ、そうよ。そのあたり適当に座ってね」

そう言うと、スローな動作でカウンター席に移動して、僕らと横並びの形で座り直した老婆。

「足が悪いもので、カウンターに立てなくてごめんなさいね。おしぼり、そこから勝手に取って」

おばあちゃん家にやって来たかのようなこの雰囲気は、むしろステキ。僕は友人に向けて、「今夜はここに腰を落ち着けよう」と目で合図を送りました。

老婆は僕らに一枚ずつ用紙を差し出し、名前や生年月日などを書き込むように言います。その紙には、「生数運」と大きな見出しが記されていました。これは誰もが生まれながらに持っている数字のことなのだそうです。

細かな算式は失念しましたが、生年月日の数字を順に足して割り出す、よくある手法だったように思います。ちなみに僕は「八」でした。

「お兄さんは八だね。じゃあ、あらかじめ紙に書いておいたから、これを渡しておくわね」

老婆はどこからか便箋《びんせん》の束を持ち出し、そこから一枚抜き出すと、冒頭に「友清哲様」と宛名を書き足して僕に渡してくれました。

そこには「八」の生数を持つ男性の特徴や傾向が、三ページにわたってびっしりと手書きされています。コピーではないあたりが、なんとも言えない温かみを感じさせます。客のいない時間帯にせっせと書き溜めていたのでしょうか。

その内容はと言えば、「八の男性は、いかにして無から巨大な幸せを築き上げるかがテーマ」との一文から始まり、「あなたは心の憂《う》さを酒で紛《まぎ》らわす人です」とか、「人に裏切られることは多いですが、人なしでは生きていけない人です」とか、「大切な用事の前にはきちんと食事をとること。あなたは満腹の時に最幸運が訪れるタイプです」とか――、とにかくいろんな助言が綴《つづ》られています。

また、恋愛面に関する記述も多く、「最愛の人とは結ばれない」などと心外なことが書いてあるかと思えば、「入籍があなたの愛を決定的にします。籍の入らない恋愛はお勧めしません」なんて、なんだか芯を食った助言も。

ちなみに僕と相性がいいのは、生数が「一」もしくは「九」の人で、「あなたの場合、たぶん次の結婚は三年後くらい」なんだそうですよ。奇しくも、言ってることが昼間に会ったニット帽の先生と一致しているのが少し気になりました。もっとも、とっくに三年以上を経た今、どちらも大ハズレなんですけどね。

直後に四十五年の幕を閉じた、愛すべき「ガス燈」

そんな占いの結果を肴《さかな》に、老婆を挟んで酒を呷《あお》ること約二時間。この店は一九七二年にオープンしたそうで、こうして生数運占いを売りにすることで、名のあるミュージシャンやスポーツ選手が数多く訪れるのだとか。

最後は「また来るから元気で長生きしてね」と告げ、店を後にした僕たち。期せずしてスピリチュアル尽くしとなった宮崎での一日が終わりました。

驚いたのは、それから三日後くらいに、さらに詳しくいろんなアドバイスが綴られた手紙が自宅に届いたことです。

そこには現地でいただいた便箋と同様、「八」の生数を持つ男性に向けたアドバイスがたくさん書き込まれていました。きっと、すべての客にこうしたアフターケアを行っているのでしょう。四十五年も地元で愛され続けてきた理由が少しわかった気がします。

ちなみに、今回の原稿を書くにあたって「ガス燈」について調べてみたところ、その日は姿が見られなかった、老婆の旦那さんらしき男性バーテンダーの姿を地域ニュースのアーカイブから発見しました。

店はどうやら、僕らが訪れた翌月に閉店してしまった模様（毎日新聞・長崎版、二〇一七年六月十日付より）。いつかもう一度訪れたいと思っていたので、これは残念な情報でしたが、むしろギリギリ間に合って良かったと考えることにしましょう。

一方、ＳＮＳなどで不意に心霊動画が流れてくるたびに、「そういえば、あのニット帽のおじさんは元気だろうか」などと思いを馳《は》せる今日この頃。今思い返してみても、実に味わい深い宮崎の旅でした。

CASE 12

祟《たた》りに怨《おん》念《ねん》、前世の因縁。脅《おど》し文句だらけの六〇分！

鼻はグジュグジュ、目はグスグス。花粉症持ちにとって、春は必ずしも爽《さわ》やかな季節ではありません。

せっかく桜が咲き始めても、「いいから早く夏になれ」と思わずにはいられない。この気持ち、きっと賛同してくれる同志は少なくないでしょう。

ちなみに僕の場合、こうしてスギ花粉が飛び交う季節になると、思い出さずにはいられない霊能者がいます。出会いは今から数年前の春。いつものように、知人から舞い込んだタレコミに端を発しています。

正直、あまり気乗りしない筋《すじ》からのタレコミでしたし、花粉症がひどくて人に会うのが億劫《おっくう》だしで、スルーしようか悩んだネタだったのですが、昔からよく「春は出会いの季節」と言われます。一時の怠《なま》け心で本物の霊能者との出会いを逃してしまったら……と考えると、やはり行かないわけにはいきません。

でも、気が向かなかったのは僕なりの予知能力だったのかもしれません。春だからといって、それが必ずしも良い出会いであるとは限らないのですから――。

あれを体験せずして占いは語れないよ

「怖い話が好きなんでしょ？　面白い人がいるから紹介してやろうか」

本物の霊能者を追い求めていることを公言して久しく、友人知人から「よく当たる占い師がいるよ」と水を向けられるたびに、「いや、探してるのは占い師ではなく霊能者だから」と訂正し続けてきた僕。しかし、霊能者でも占い師でもなく、「怖い話」を求めてるヤツと誤認されたのはこれが初めてのケースでした。

そう声をかけてくれたのは、仕事関係の飲み会で顔を合わせた歳上の男性編集者。僕と同じフリーランスの立場であちこちの出版社に出入りしているため、思いがけない現場で顔を合わせることがたびたびある人でした。

さりとて、特別に馬が合うわけでもなく、むしろ僕にとっては少々苦手なタイプの御仁《ごじん》です。

というのも、やたらと大言壮語《たいげんそうご》を吐《は》くわりに、今ひとつ信憑性《しんぴょうせい》が伴わない人で、いつもみすぼらしい格好をしているのに「年収が数千万円を超えたことがある」と吹聴《ふいちょう》してみたり、ブサメンなのに「前の彼女はグラビアアイドルだった」とのたまったり、とくにお酒が進むと見え透いたトークでその場をしらけさせることの多い人なのです。

そんな気質が肌に合わず深いお付き合いを避けていたのですが、この日の酒席ではうっかり隣に座られてしまいました。どこかで僕の活動を耳にしたようで、こうしておかしな声のかけられ方をしたわけです。

「怖い話は嫌いじゃないですけど、別に怪談話を収集しているわけじゃないんですよ」

「細かいことはどうでもいいよ。占い師の百人斬りやっててんでしょ？」

「まあ、似たようなことはやってますが」

「すごい人がいるんだよ。あれを体験せずして占いは語れないよ」

占いを語る気などこれっぽっちもないのですが、どうやらそれなりに腕の立つ占い師に心当たりがある様子。

あまり借りを作りたくない相手なのでちょっと尻込みしたものの、とりあえず視界に入った霊能者は片っ端からあたってみるのが僕の信条です。これはやはり、行かねばならないのでしょう。

聞けばその先生、カウンセリングルームを持っているわけではなく、新宿区内の某喫茶店を根城にしているのだそう。「ちゃんと俺の紹介だって言ってくれよな」などと恩着せがましさが鼻についたものの、とりあえず先生の連絡先をゲットしました。

すぐに電話をかけてアポを取り、早くも翌週の昼下がりに僕は指定の喫茶店へ向かうこととなりました。

さて、今回はどのようなセッションが待っているのでしょうか。

長い待ち時間に僕の警戒心はMAXに……

その日は朝から気持ちのいい晴天。ということは、花粉も容赦《ようしゃ》なく飛散しているわけで、僕は当時売り出されたばかりで話題になっていたスプレー噴霧式のマスクを念入りに目鼻に噴きかけて家を出ました。

目指す喫茶店は、都内にしては鄙《ひな》びた雰囲気が漂う商店街を抜けた先にありました。スマホに目を落とすと、約束の時刻の一〇分前。ドアベルが鳴るタイプの扉をくぐって店内へ入ります。

それらしき人物を探してキョロキョロしていると、ホールスタッフのおばちゃんが「あ、占いのお客さんかしら？」と声をかけてくれました。

「奥のテーブル席に先生いらしてるけど、まだ前のお客さんがいらっしゃるのよ。よかったらここでお待ちになって」

そうおばちゃんに促され、ひとまずカウンターに腰を下ろす僕。

店内には常連らしき壮年の客が数名いて、世間話をしたり新聞を読んだりしています。「占いの客」と言われたのがいささか引っかかりましたが、公衆の面前で「霊能者の客」などと言われるよりはマシなのかも？

とりあえずホットコーヒーをオーダーし、花粉症でひりつく目元をおしぼりで拭《ぬぐ》い、待つことおよそ一〇分。約束の時刻になっても、声がかかる様子はありません。一方で、待たされている僕に対する気遣いなのか、おばちゃんがやたら話しかけてきます。

「今日はどちらから？」とか「お仕事は何を？」とか「ご家族はいらっしゃるの？」とか、世間話にしては妙にパーソナルな情報に踏み込んでくるので、僕は警戒心のギアを上げました。

もしかすると、このあと対面する先生とおばちゃんはグルかもしれない。それとなく僕から引き出した情報を裏で共有し、さもお見通しな雰囲気を出されるのではたまったものではありません。

僕は無愛想にならない程度に言葉数を抑え、「今日はたまたまこの辺をぶらぶらしてたんですよ〜」とか、「メディア関係の仕事です」とか、「（バツは隠して）独身なんです」などと、極力データを与えないよう努めながらその場をやり過ごしました。

「あなた今、けっこうマズいことになってるよ」

ようやく奥から先生が出てきたのは、それからさらに一五分後のことでした。

「いやあ、お待たせしちゃってすいませんね」

柔和《にゅうわ》な笑顔で頭を下げるその先生は、歳の頃でいえばアラ還くらい。べっ甲のメガネに白髪交じりのオールバックが特徴で、なんだかムツゴロウさんにそっくりです（笑うととくによく似てる）。

その先生の脇をすり抜けるようにして、若い女性が「ありがとうございました」と足早に去って行きました。僕の前のお客さんでしょう。

「さてさて、では奥のテーブルへどうぞ」

まるで自分の店のように振る舞うムツゴロウさん似の先生。店の奥には半個室の四名席があり、着席するとすぐに先ほどのおばちゃんがお冷を持ってきてくれました。

まずは用紙に名前や住所、生年月日、血液型、職業、家族構成などを記入するように言われ、書いている間に料金についての説明がありました。ムツゴロウ先生いわく、六〇分で二万五〇〇〇円が正規価格ながら、「随分お待たせしちゃったから、時間についてはあまり気にしないで」とのこと。笑みを絶やすことがなく、人の好《よ》さが滲《にじ》み出ている印象です。

正直なところ、あの苦手な先輩編集者の知人であることを理由に、もっと胡散臭《うさんくさ》い人物が出てくるのを覚悟していたのですが、その意味では拍子抜け。しかし、この柔和な笑顔が〝羊の皮〟であることを思い知るのは、それから間もなくのことでした。


最初に口火を切ったのはムツゴロウ先生で、「何かお悩み事がありますか」と、聞きたいテーマを求められました。そこで僕は、「では、仕事のことからお聞きしたいです」と、いつもの質問を投げてみることに。

「お仕事は文筆業と書いてあるけど、具体的にはどういうお仕事なの？」

「いわゆるフリーライターです。編集者でもあるので、自分の原稿を書いたり人の原稿を編集したり、半々ですね」

「ははあ。それはどういう記事？　雑誌？」

「雑誌も書籍もウェブも、基本的には何でもやってます」

ムツゴロウ先生にとってライター稼業は未知の領域らしく、しばし細かい質問が続きます。僕の仕事内容や生活サイクル、得意ジャンルなどをざっと理解させたところで、こちらとしてはようやく本題です。

「そんなわけで、この仕事をかれこれ十数年（当時）やっているんですが、僕はこのまま今の仕事を続けていても大丈夫なんでしょうか？」

これは僕が霊能者相手に必ず尋ねるテンプレ的な質問のひとつ。いわば第一ラウンドに必ず繰り出すジャブのようなもので、この反応で相手を定点観測するようにしています。

すると、ムツゴロウ先生は柔和な笑顔を崩さないまま、こう言いました。

「いや、ダメだね。あなた今、けっこうマズいことになってるよ。調子がいいのも、長くてあと一年じゃないかな」

ライター稼業危《あや》うし。前世の因果で失職の危機が⁉

まさかこの好々爺《こうこうや》から、これほど殺傷力の高い言葉が飛び出すとは……。何の気なしに放ったジャブに、強烈なカウンターを合わせられた気分です。

「ど、どういうことでしょうか」

「今はたぶん、すべてにおいて好調な時期なんでしょう。それはわかるの。でも先細っていくのは避けられないよね」

これまで多くの自称霊能者と対峙《たいじ》してきましたが、仕事の先行きを真っ向から否定されたのはこれが初めて。鵜呑《うの》みにしたわけではないものの、胸中穏やかではいられません。

「それは、僕が大きなミスをやらかすとか、何か原因があるんですか？」

「う一ん、そういうこともあるかもしれない。でもね、こういうのって大きな流れを汲むものだから」

「流れというのは、運勢のようなものですか？」

「それもあるし、もっと前の、前世から続いているものも大きいよね」

序盤からスピリチュアル全開なムツゴロウ先生。物腰からして、ひたすら飴《あめ》で客のご機嫌を取るタイプかと思いきや、予期せぬギャップに一瞬戸惑いました。しかし、ここは食らいつかねばなりません。

「僕、前世で何をしでかしたんでしょうか」

「前世といってもひとつじゃなくて、積み重ねだから。因果応報ってやっぱりあるんだよ」

「どうすればいいですか？　何か解決策があるなら教えていただきたいのですが」

「今の仕事、どうしても続けたいの？」

「もちろんです。やりたいことが、まだまだたくさんありますし」

ムツゴロウ先生はここでタバコに火をつけ、盛大に紫煙《しえん》を吐き出しながら言いました。

「毎朝、花をいけて手を合わせてごらんなさい。その際、ご先祖様に感謝の念を捧げるの。これをとにかく来る日も来る日も続けていれば、悪いようにはならないから」

おお、そっち系の人か。というのがこの時の正直な僕の胸の内。

これまでの経験上、自称霊能者の中には運勢を好転させるために先祖供養や祈禱《きとう》、瞑想《めいそう》を勧めてくる人が一定数存在します。

でも、何も起こらなかったら「先祖供養のおかげ」と言えばいいし、悪い方向へ進んだ場合は「お祈りが足りない」で済まされそうだし、絡みにくいことこの上なし。ちなみに僕はまだ会ったことがありませんが、これに乗じて壺などを買わせる悪徳霊能者もいるかもしれませんね。

ここではとりあえず、「わかりました、やってみます」と、心にもないことを言って話を先に進めることに。

他にもある、前世の因果がもたらす意外な影響

健康のことや結婚のことなど、いつもの順に質問を重ねる僕ですが、本当に人は見かけによらないもので、ムツゴロウ先生の口から飛び出すのはその後も手厳しい言葉ばかり。

たとえば健康面について聞いてみると――。

「もうちょっと体を労《いたわ》らないと。内臓だけじゃなく、魂がだいぶ疲弊しているよ。人は生きているだけでいろんな怨念を拾ってしまうものだけど、あなたはとくにひどい。いろんな場所を訪ねる仕事をしているからなのかな。今のままだと、長生きはできないね」

ぐぬぬ、と思いながら続いて結婚願望を打ち明けてみると――。

「結婚を望むのはいいけれど、夫婦というのは魂レベルの縁だから。今までけっこう女性を泣かせてきたんじゃない？　生きてる人間に祟られるということもあるからね。その影響で、い

まはまだ結ばれる相手の気配は見えないねえ」

名誉毀損で訴えるぞクソジジイ、と思いながら憮然《ぶぜん》としていると――。

「あなたは前世の業《ごう》をだいぶ引きずっているように見えるの。本来もっと上へ行ける人なのに、今くらいのポジションで燻《くすぶ》っているのはそのためだよね。良くない因果に邪魔をされている」

口調は優しいものの、魂レベルでディスってくるので胸中はなかなか複雑です。右から左に流せばいいのでしょうが、お世辞に弱い人間というのは誹謗中傷にも弱いもの。なぜ二万五〇〇〇円も払ってわざわざこんな妄言《もうげん》（？）を拝聴せねばならないのでしょうか。

（このじいさんの話を聞いてると、どんどん気が滅入ってくるな……）

三〇分ほど経過した頃には、僕の心は半泣

き状態。このネガティブ一辺倒のセッションに飽きを感じ始めたところで、僕の鼻腔に異変が置きました。

「へっくしょい！」と大きなくしゃみを一発かましたのを機に、鼻水と涙が止まらなくなってしまったのです。朝に飲んだ薬の効果が切れたのか、それとも気分が落ちて免疫反応に異常が生じたのか。ともあれ、盛大に花粉症の症状が幕を開けました。

その後もセッションを続けながら、「ちょっとすいません」と鼻をかむこと数回。するとムツゴロウ先生はこんなことを言い出しました。

「だいぶキツそうだけど、実はその花粉症も過去の因果に紐《ひも》付いているんだよ。スギの花言葉を知ってるかな？　実は『人の死』という意味があるの。重度の花粉症に苦しめられている人は、前世や前々世で積み重ねてきた悪行に対する禊《みそぎ》が済んでいない証拠なの」

なんでもかんでも前世のせいにするムツゴロウ先生。芸風としては一貫していますが、花粉症に悩む人の多さを踏まえると、この世は悪人だらけじゃないですか。

「というか、スギって樹木なのに花言葉なんてあるんですか」

「そりゃそうだよ。あなたがいままさに苦しめられているのは何なのさ」

「あ……」

「花粉でしょ？」

最後に一本とられた感じでこの日のセッションは終了。いろいろ釈然としませんが、花粉症がキツいので、さっさと料金を払って退散することにしました。

あえて結論を言うならば、あれから花をいけて祈ったことは一度もありませんが、幸いこうしてライター稼業を続けることができています。

ムツゴロウ先生の言葉が引っかかって、一時は内心ドキドキしていたのは事実ですが、とくに危機らしい危機もなく、今となってはバカバカしいかぎり。むしろ、この間に業界から姿を消したのは、今回の紹介者である先輩編集者のほうというオチまで付きました。

また、あとで調べてみたところ、「死」に関連する花言葉を持つのはスギではなくイトスギで（スギの花言葉は「雄大」や「堅実」らしいです）、こうして冷静に検証してみれば、ムツゴロウ先生のやり口はそれなりに粗《あら》が目立ちます。残念ながらスピリチュアル的な収穫は皆無と言うしかないでしょう。

いっそ、このツラい花粉症の原因が本当に前世にあって、祈りを捧げることで解決できるならどんなによかったか――。あれから数年を経た今も、鼻先がむず痒《かゆ》くなるたびにこの一件を思い出す僕なのでした。

CASE 13

スピったお見合いおばさんに、がっつり結婚相談してみた

蒸し返すようで恐縮ですが、二〇二〇年は本当に世の中が混沌とした、大変な一年でした。何を思い返しているのかといえば、コロナ禍です。

新型コロナウイルスは今も存在していますから、パンデミックが収まったわけではないのですが、それでも二〇二〇年からの二、三年は、世界中が異様なムードに包まれていました。

そんな中、僕が殊更《ことさら》びっくりしたのは、二〇二〇年の東京オリンピックが延期になったこと。あの状況では当たり前と思う人が大多数でしょうけど、二〇一三年の時点で、「東京オリンピックは開催されません」と予言していた霊能者が存在しているとしたらどうでしょう？

メディアにもよく取り上げられている方なので、ピンときた人もいるかもしれません。よくある〝後出しじゃんけん〟ではなく、オリンピックの招致が決まった直後に雑誌の誌面で開催を否定する勇気に、当時はひたすら感心したものです。それにしても、まさか的中してしまうとは……（あくまで「延期」ではありますが）。

とはいえ、この先生が本物なのかどうか、僕にはわかりません。「単なる偶然だ！」とか「ハズした予言もたくさんある」といった主張もきっとあるでしょう。ただ、あのタイミングで「オリンピックは開催されない」というエキセントリックな予言を口にするのは、霊能者としてとてつもなくリスキーであったはず。言い換えれば、インチキならまずやらない手法です。

僕が追い求めているのは、まさしくそういうレベルで勝負（？）をしている霊能者。新型コロナウイルスが猛威《もうい》を振るう中、不謹慎にもルポライターとしての使命感をいっそう燃え上がらせていた僕なのでした。

「所長」を名乗る女性にアポイント

さて、今回ご紹介するのは、まだパンデミックなどまったく現実味がなかった、数年前の平和な時代の事例です。

大きな仕事をひとつ終えて、時間にゆとりができた僕は、手元のメモをパラパラとやりながら次のめぼしいターゲットを物色し始めました。

世の中、占い師を含めればスピリチュアルを稼業にする人は存外《ぞんがい》に多いもので、僕の元にも日々、様々な情報が寄せられます。そして、気になる先生はすべてメモしておいて、時間ができたらランダムにあたっていくのが基本スタイル。この時、メモの中からふと目にとまったのは、「お見合い相談所。霊感あり」という、ごく短い一文でした。

「なにこの超面白そうな案件……！」

いつ誰に紹介されたネタなのかすぐには思い出せなかったものの、俄然《がぜん》、色めき立つ僕。記憶をたぐってみると、たしかお見合い相談所のカウンセラーがスピリチュアルな能力を持っている、という話だったはず。もしかすると、霊視を駆使して運命の相手を教えてくれる、なんていかにも香ばしい芸風かもしれません。

メモには都内某所の住所と電話番号が添えられています。いかんいかん、これはもっと早く直撃するべきでした。

　すでに廃業してたらどうしようと、ドキドキしながらメモの番号にかけてみると、ものの二コールくらいで「はい、◯◯株式会社です」と若い女性の声が聞こえてきました。

「あ、あれ。すいません、そちらはお見合い相談所ではなかったですか？」

「ああ、『縁結び商会（仮名）』のお客さんですね。電話まわしますので、ちょっとお待ちください」

　よかった。お見合いとはまったく関係なさそうな会社名を名乗られて慌ててしまいましたが、しっかり営業しているようです。

「――お電話代わりました、所長の××です」

　今度は快活な中年女性の声。どうやって面会のアポイントを取るか悩みましたが、ここは正攻法で客になりきり、「相談の予約をお願いしたいのですが……」と告げてみることにしました。

「はいはい、いつ頃がよろしいのかしら？」

「空きがあるようなら、さっそく来週にでも伺えればと」

「大丈夫よ。では週明けの月曜日の午後一時ではいかが？」

「あ、ではそこでお願いします」

　テキパキ、サクサクとアポイントが確定。そして所長の肩書を名乗ったその女性は、その場でこちらの名前と電話番号、職業、生年月日、血液型、そして年収を聞いてきました。

いきなり個人情報をフルセットで持っていかれることにいささか抵抗はあったものの、勢いに呑まれて素直に答えてしまう僕。どうやら、希望条件が僕のスペックと合致する女性を、あらかじめリストアップしておいてくれるようです。うっかり年収を盛っておいてよかった！

「あなた、ご職業のライターというのは、具体的にはどんなことをされているの？」

「雑誌やウェブに記事を書いたり、本を書いたりしています」

「あら、すごいじゃない。作家さんってこと？」

「いやいや、しがない物書きです。とくに本が売れてるわけでもないですし」

「そういう職業の男性、人気あるのよ。大丈夫、すぐにいい相手が見つかると思うわ」

え、ホントに？　……おっと、本来の目的を忘れてしまうところでした。僕が求めているのはお見合い相手ではありません。

「あの、こちらでは占いか何かをセットでやられていると聞いたのですが……」

すると女性は、「ああ、はいはい。お望みならそういうのもやるわよ。そっちは単なる私の趣味だけど」と言います。これだけ個人情報を開陳したからには後に引けなかったので、この言葉にホッとひと安心。

「では月曜日に」

そう言って電話を切った僕は、ワクワクとその日を心待ちにしたのでした。

待っていたのは典型的なお見合いおばさんでした

そして迎えた月曜日。僕は一目散に「縁結び商会」のオフィスへ向かいます。オフィスといっても、そこは雑居ビルの一室を細かく区切った小さなスペースで、おそらくはシェアオフィスの類《たぐ》いなのでしょう。固定電話も他の同居者と共有していたわけです。

お目当てである「縁結び商会」のスペースは、ファイルや書籍がぎっちり詰まったラックに囲まれていて、事務机を挟んで「所長」と向かい合えばもう満杯という手狭《てぜま》さ。世が世なら三密の権化《ごんげ》で叩《たた》かれそうな空間です。

名乗るまでもなくこちらを認識した所長の女性は、「どうぞお座りになって」と僕を対面の事務椅子に促しました。そして挨拶もそこそこに、三枚のプリントを机上に広げます。そこにはそれぞれ、会員らしき女性のプロフィールが写真入りで載っていました。

「さっそくだけど、あなたの条件を理想としている女性会員が大勢いるのよ」

「え、そうなんですか？　それは嬉しいですね」

「とりあえず三人だけ見繕《みつくろ》ってみたけど、まだまだこんなものじゃないから。あなたの希望を聞いた上で絞り込んでいきましょう」

老眼鏡をかけながら、流暢《りゅうちょう》にそう語る所長。まじまじとプリントに目を落とすと、いずれもびっくりするくらい美しい女性が並んでいるではありませんか。

「で、あなたはどんな女性がお好みかしら。年齢でも職業でも、まずは希望の条件を何でも遠慮なく言ってみてくださる？」

矢継ぎ早に言葉を紡《つむ》ぐ所長。これは電話口でも感じたことですが、この人にとって僕は「お客さん」ではなく、あくまで「相談者」であるのが口調からわかります。

「いやあ希望も何も、この三人だったら誰でも文句ないですよ」

「ダメダメ。うちは女性だけで二万人以上の会員がいるんだから、もっとちゃんと選ばないと！」

所長はそう言いながら、ラックからファイルを取り出してパラパラやると、さらに数名の女性プロフィールを抜き出して僕の前に広げました。

「ほら、たとえばこの方は△△社（某大手家電メーカー）に勤めていらして、すごく真面目でしっかりした人なのよ」

「この方なんてどう？　年齢も近いし、お料理が得意だそうだから、きっといい奥さんになるわ」

「この方は読書が趣味だそうよ。職業からしても、あなたとはきっと相性いいと思うの」

こ、これが俗に言う「お見合いおばさん」というやつか……！

いきなりペースを握られてしまった感じですが、これはお節介ではなく、向こうにとってはあくまでビジネスであることを忘れてはいけません。

次々に提示される僕のお嫁さん候補たち

そうこうしているうちに、さらにもう二人分の女性プロフィールをファイルから抜き出し、僕の前に差し出す所長。

まくしたてるようにカードを切ってくる所長に怯《ひる》みながらも、ここであることに気づきました。

あえて言葉を選ばずに言うと、最初に用意されていた三人がモデル級の美女であったのに対し、あとから出してきた五人の女性は、大変失礼ながら外見的にはっきりとランクが落ちるのです。

要はあからさまな撒《ま》き餌《え》をちらつかせる、あざとい手法が見え隠れします。こうなると、こちらもしっかり警戒して臨《のぞ》まねばなりません。

そういえば、料金体系はどうなっているのでしょうか。降り注ぐ所長のプレゼンの合間を縫《ぬ》って、「どういうシステムになっているんですか?」と口を挟むと、所長は慣れた口調で次のように説明してくれました。

なんでも、入会金が五万円。毎月の会費が一万円。そして気に入った女性会員とのお見合いをセッティングしてもらうのに五〇〇〇円。さらに首尾よく成婚した暁《あかつき》には、一〇万円の成功報酬を支払わなければならないのだそうです。

つまり、このおばさんに紹介された女性と結婚しようものなら、最短距離を行っても十六万五〇〇〇円のコストが必要なわけです。この業界の相場はまったくわかりませんが、率直に「高い」のひとこと。

それでも需要があるからこうした強気な値付けが成立しているのでしょうが、説明の合間に盛り込まれるあざとい営業トークが、いちいち引っかかってしまう僕。やれ「女性会員のほうが多くて、男性がまったく足りていないの」だの、「うちの場合、男性は引く手あまただから」だの、うまい言葉のオンパレードです。

それに何より、さっきからスピリチュアルのスの字も出てきません。僕は一体、何をしに来たのか。これではいけない。スイッチを切り替えましょう。

「皆さん素敵な方ばかりなので、迷っちゃい

・入会金　5万円
・毎月の会費　1万円
・セッティング代　5千円
・成功報酬　10万円
…です！
高っ！

ますね」

「でしょう？　とりあえず順にお会いしてみたらどうかしら」

ここでイエスと答えようものなら、入会金と月会費、さらにデートのセッティング料を人数分ふんだくられるというカラクリ。その手にのるわけにはいきません。そこで――。

「仕事柄、生活が不規則なもので。何人かお会いするにしても、できればもう少し絞ってから相手を決めたいのですが」

「そうよね。じゃ、具体的な条件をもういくつか挙げてみて」

「あの、それよりも。お電話で少しおっしゃっていた、占い的なやつで絞り込んでいただくことはできませんか？」

すると所長は、「ああ、そうね。やってみましょうか」と、あっさり受託。ふう、こちらとしてはようやく本題です。

お見合いおばさん、ついに能力を発動？

所長は占いめいた道具を取り出すわけでもなく、「私がやるのはオーラ診断なの」と、そのまま少し姿勢を正して、じっと僕の目を見てきます。さっきまでずーっとペラペラしゃべっていた人なので、突然の静寂《せいじゃく》がなんだかすごく新鮮です。

僕としてはそのまま所長の目を見つめ返すのも変ですし、どうしたものかと困り果てること一分少々。所長は手元に紙を用意して、僕の生年月日を元に何やら計算を始め、さらに「ええと、あなたは寅《とら》年にあたるのよね」などと言いながら、火・水・木・金・土の五文字を円形に配置して書き出しました。どうやら四柱推命《しちゅうすいめい》と霊視の合わせ技がこの人の持ち味のようです。

「あなた、すごくいい時期にいらしたわよ」

「ほう。と言いますと？」

「結婚ってね、運気の波にすごく左右されるの。結婚力が高まる時期とそうでない時期があって、今はものすごく高まっているタイミングなの」

「なんと、そうだったんですね」

「こういう波を逃すと、どんなにモテる人でもうまくいかないものよ。ほら、美人なのになぜか独身の女性っているでしょ。あれはまさに波を逃してしまってるからよ」

あかん。何を言われても営業トークにしか聞こえない。そう言っておけば、結婚を焦《あせ》って財布の紐《ひも》がゆるむと思われている気がしてなりません。

「さらに言うとね、そういう運気はオーラにも表れるものだから、私は先天運とオーラの両方から、流れを入念にチェックするようにしているの。だから間違いないわよ」

「はあ、そういうものですか」

ちなみに先天運というのは、持って生まれた運勢なのだそう。僕が再婚を望んでいるのは事実なので、本当にそういう運の流れが存在するなら無視するわけにはいきませんが……。

「ちなみに、僕のオーラは何色なんですか？」

「今はオレンジ色に近いわね。これってとてもいいことよ。オレンジは創造性を高める色だから」

そういえば、オーラが視えるという人に、何度か似たようなことを言われたことがあります（CASE2参照）。本当に見えているのかどうかはともかく、オーラのセオリーはちゃんと踏まえているのかもしれません。

「強いオレンジに緑が混じっているのがあなたの特徴なの。緑は調和や社交性を意味する色だから、これが強めに出ているってことは、今まさに自分の個性を受け入れてくれる相手と結ばれやすいってことなのよ」

つまりはオレンジと緑の斑《まだら》模様。うーん、爬虫類《はちゅうるい》なら毒を持ってそうなカラーリングですよね。

二万の女性会員は魅力ながら……営業攻勢に辟易《へきえき》

それでもとりあえず、ノリノリでオーラを語る所長に合わせて、「へえ」と「なるほど」を繰り返す僕。

もはや最後のほうはちゃんと聞いていませんでしたが、彼女の言い分は、とにかく僕は今すぐにでも結婚すべきであり、ひいては積極的にうちの女性会員と会いなさい（意訳）、ということで一貫しています。

二万人も会員がいるなら、マジで一人くらい自分にぴったりの女性が埋もれているのではと考えるのが男心でしょうから、実にうまい商売です。でも、提示されるお相手と片っ端から会っていたら、最終的にいくらふんだくられるかわかりません。

スピリチュアル的にも実に微妙。仮に、本当にオーラが視えているとしても、それが営業ツールになっているのでは興醒《きょうざ》めというものです。

結局この日は、「求める女性像をもう少し固めてから、またあらためてお願いします」と言って逃げました。オーラ鑑定料を別に請求されるんじゃないかとヒヤヒヤしましたが、幸いにしてそれはなし。妙なところで気前のいい所長なのでした。

困ったのは、実はこのあとです。

この日以来、わりと頻繁《ひんぱん》に所長から電話がかかってくるようになり、矢のような営業攻勢をかけられるはめに。「また新しい女性会員が増えた」とか「とにかく男性会員が足りない」とか、なんともマメなことだと感心しますが、一人捕まえれば五万円の入会金が入るのだから、効率のいい商売なのかもしれませんね。

そうした営業トークに二週間ほどやんわりお付き合いした後、僕は静かに着信拒否設定をして、お見合いおばさんに別れを告げたのでした。

CASE 14

ついに来た道場破り

——スピリチュアルな挑戦状！

本稿はもともと、文芸系の某ウェブサイトで連載していたものをベースにしているのですが、ありがたいことに友人知人からの評判が大変よく、「いつも楽しみにしてるよ！」と声をかけていただく機会が多々ありました。

同時に、何らかのネタを持っている人からは、「どこそこにこういう霊能者がいるよ」とタレコミがあったりするわけですが、その中にこんな思いがけないオファーがあったんです。

「連載を読んだ友人が、ぜひ友清《ともきよ》さんにお会いしたいと言ってるんですが」

「おや、それはありがたいですが、なんでまた？」

「本人、前からいろいろ〝視《み》える〟と言ってたんで、対決したいんじゃないですか」

つまりは道場破りのようなものでしょうか。だとすれば、これはなかなか新鮮なアプローチです。こちとら本物の霊能者を探し始めて幾星霜《いくせいそう》。飛んで火に入る夏の虫とはまさにこのことで、一も二もなく「ぜひ！」と答えた次第です。

それにしても……。相手によってはインチキだと茶化して描くことも多いこのシリーズを読んで、よくぞ挑んでくる気になったもの。よほど腕に覚えがあるのか、それとも向こうは向こうで単なる冷やかしなのか。

ともあれ、会ってみなければ始まりません。場所は都内にあるなじみのバーを指定して、一戦交えることと相成ったのでした。

対決の舞台は渋谷のバー

その後、仲介者である知人を挟《はさ》んで何度かやり取りを繰り返したものの、互いの予定がなかなか合わず、待ち合わせは夜の一〇時という不健全な設定に。もっとも、霊能者と対峙《たいじ》するにはふさわしい時間帯かもしれませんが。

知人を通してあらかじめ伝えておいたのは、内容によってはネタにすることもあり得ること。そして、今回に関してはあくまで友人の紹介で顔を合わせる前提なので、カウンセリングを受けるつもりはないから料金を請求されても困る、という二点のみ。ただ、そもそもそういう商売をされている方なのかどうかも、この時点ではわかりません。

僕は早めにカウンターの端に陣取って、適当にハイボールなどを呷《あお》り始めました。目の前には顔見知りのバーテンダーが立っていましたが、まさか「今からここで霊能者と対決するんですよ」なんて言えるわけもなく、「友達がちょっと面白い人を連れてくるらしくて」とだけ言っておきました。

テーブル席を含めて二〇席程度の店内に、その日は六割程度の客入り。約束の時刻を数分まわった頃、仲介者である知人が小柄な男性を伴《ともな》って現れました。

「遅れてすいません」とにこやかに言う知人の後ろで、無表情のまま突っ立っている男性。黒髪&おかっぱのルックスが、どことなくお笑い芸人のバカリズムさんを彷彿《ほうふつ》させるものの、あまり愛想のいいタイプではなさそう。こちらから「友清です、初めまして」と声をかけても、黙って曖昧《あいまい》な会釈《えしゃく》を返すのみ。

人見知りなのか、それともバーという空間に不慣れで戸惑っているのか。ともあれ、僕・おかっぱ・知人の順に着席しました。

バカリズム型おかっぱ男性の牙城《がじょう》に挑む

自分が指定した店でもあるので、「何を飲みますか?」と二人を軽くエスコートする僕。合間に横目でおかっぱ男性をちらちら観察したところ、年齢はおそらく三〇代半ばくらいで、チェック柄のシャツにジーンズという服装からしても、今のところごく普通の人にしか見えません。

二人が僕と同じ銘柄のウイスキーでハイボールを注文し、乾杯を済ませたところでセッションがスタート。しかし、どうも空気がぎこちない。とりあえず僕から口火を切りましょう。

「——ええと、もともとお二人はどういう関係なんでしたっけ?」

「大学時代のバイト仲間だったんですよ。僕は一浪してるので、年齢は彼のほうがひとつ下なんですけど」

「へえ、じゃあわりと長いお付き合いなんですね。(おかっぱ男性に向けて)普段は何をされているんですか?」

　ここでようやく「別に、普通の会社員です」と、言葉らしい言葉を発したおかっぱ男性。つまり専業霊能者ではないわけです。

　それにしても、この無愛想な物腰はどうにかならないものか。もっと「連載、面白いっすねー！」、「いつも楽しみに読んでまーす！」みたいなノリを期待していた僕がアホみたいです。

　しかし、こちらもこれまで数千人をインタビューしてきたベテランライター。この手合いを解きほぐしていく作業には慣れているつもりです。

「お住いは？」

「××（駅名）のほうすね」

「なんだ、ご近所じゃないですか！」

「………」

「帰りは一緒にタクりましょうよ」

「………」

「僕、△△（地名）に住んでるんですよ」

「………」

　うーむ、我ながら口ほどにもない有様。ちなみにこの「………」は、決してガン無視されているわけではなく、控えめにうなずいたり、口元を「ほう」とひん曲げてみたり、ノンバーバルな相槌《あいづち》でやり過ごされている感じです。おかげでこちらから薄い言葉をつなぎ続ける流れができあがってしまいました。

「お酒はよく飲むんですか?」

「……まあ、ほどほどに」

「普段、どのへん飲み歩いてます? やっぱ三茶《さんちゃ》とか?」

「いや、家かな」

「主に何を飲むんですか。ビールとか?」

「………(無言でうなずく)」

ていうかこの人、いまだに名乗ってくれないんですけど。

「なんか教えてもらって読んだかも」

仲介者である知人はと言えば、たまに口を挟むことはあるものの、その他は一人でスマホをいじったりするばかりで、さしたる助け舟が出る様子はありません。

おかげで本題に入ることなく二杯、三杯とハイボールを重ねる僕たち。やがて、それっぽく会話が続いているように見えて安心したのか、スタートから一時間ほど過ぎたところで知人は、「家が遠いので、自分はこのあたりで」と先に退席してしまいました。

ここまでスピリチュアルな話題は一切出ていないのでどうしたものかと思いましたが、案外このタイプはサシのほうが切り崩しやすいかも。実際、二人だけになって少しすると、おかっぱ男性は初めて自分から話題を振ってきました。

「……ライターって、どんな原稿を書くんですか」

ついに山が動いた感があり、内心でちょっと感動してしまう僕。ようやくこちらに関心を向けてくれたようです。

「基本的には経済ネタでもサブカルネタでも、なんでもやってますよ。雑誌、ウェブ、書籍が主なフィールドです」

「へえ。儲かりそうでいいなあ」

「うーん。割のいい仕事もあれば、そうじゃない仕事もありますけど」

「いいなあ、楽しそう」

「いいなあ」を連発する彼の表情に目をやると、明らかに入店当初よりとろんとしています。どうやら、いい感じに酒がまわっているようです。

「まあでも、いろんなジャンルに手を出しすぎて、雑食ライターみたいになってますけどね」

「たとえば？」

「ええと、霊能者らしき人に片っ端から会いに行ってるのなんて、最たるものでしょう。これは仕事というより趣味で始めたことですけど」

「へえ、そんなこともやってるんだ」

……あれ。

「ウェブでやってる連載ですよ」

「へえ、本当にいろいろやってるんだ」

「……」

というか、なぜこいつはさっきからタメ口なのか。ざっくり見積もって一回りくらい僕のほうが歳上だと思うのですが。

もっとも、序盤と違って表情が終始ヘラっと笑っているので、酒で距離感が縮まっているのだと思えばとくに腹は立ちません。それよりも、君は僕の読者じゃなかったのか⁉

「○○さん（先に帰った知人）から聞いてますけど、あの連載読んでくれているんでしょう？」

直球でぶつけてみると、おかっぱ男性はすっとぼけたような表情をつくったあとに、「ああ、なんか教えてもらって読んだかも」とか、「そうか、あれかあ」などとブツブツ言いました。

ううむ、これはどういうことか。決して当連載のファンとしてやってきたわけではないぞと、マウントを取らせないようガードを固めているのでしょうか。だとしたら面倒くさいことになってきたぞ……。

徐々にギアが上がる深夜のスピリチュアルトーク

こうなったら、引き続き直球勝負でいくしかありません。

「僕も○○さん（先に帰りやがった知人）から少し聞いたんですけど、霊感のある人なんですよね？」

互いにそれが本題だったはずですが、おかっぱ男性はこちらも見ずに「ああー」と言いながら、何杯目かのハイボールをぐいっと飲み干しました。いいでしょう。曖昧《あいまい》なレスですが、肯定したと判断します。

「具体的に何か視えたりするんですか？」

「うん、たまに」

「それって、幽霊みたいなヤツ？」

「うーん。よくわからないけど、何か人の後ろに視えてる」

おお、「視える」ではなく「視えてる」って言いましたよこの人。ちょっと声をひそめて続けます。

「……もしかして、今も僕の後ろに何か視えてます？」

「うん」

「（色めき立ちながら）それは何でしょう。人間？　それともオーラみたいなもの？」

「うん、どっちも視える」

「ほんとに？　僕の後ろに今、何が視えてます？」

がっつく僕とは対照的に、相手のテンションは変わりません。

「ぼやっと光ってるけど、よくわからないなあ」

「ちょっとちょっと、よく視てみて！」

「（視ようともせず）うーん、でもそれほどでもないかも」

「え？」

「あんま光ってない」

なんだよ、さっきオーラ視えてるって言ったじゃん！

「ええと、普段は人が光って視えてるんですか？」

「うん、光り方はその時々で違うけど」

「今日の僕は光ってないんだ」

「少しだけ光ってるけど、かなり薄い」

なんだか「オーラがない」とディスられているようでモヤモヤしていると、彼は突然、カウンターに突っ伏すような姿勢になり、声のトーンを少しだけ上げてこう言いました。

「つーか、酒飲んでるとだんだん消えるんだよなあ、光が」

ほう、そういうものなのか。霊的なヤツと酒は相性がいいのではないかと思っていたのに。

思わぬキーワードにドキッ！

「酒がまわり始めると、オーラって消えちゃうものなんですか？」

「完全に消えはしないけど、たいてい薄くなる」

「でもほら、お酒って神様に捧《ささ》げたりもするじゃないすか。むしろそういうスピリチュアル的な力が増すようなことはないんですか」

「……」

ちなみにこの「……」は控えめにうなずきながらのやつで、暗に「何を言ってるんだこいつは」とでも言いたそうに見えました。ちくしょう。

「あ、あと。僕の後ろに人の姿も視えてるんでしょう?」

「ああー」

「（イエスと解釈して）どんな人が視えてます?」

正直、オーラだ何だと言われたところで裏の取りようがないので不毛なのですが、こちらも後には引けないテンション。視えるとのたまうなら、その言い分をとことん吐《は》き出させてやる構えです。

するとここで、彼の口から予想の斜め上を行くコメントが飛び出しました。

「最近、お城の近くに行った?」

タメ口にもいい加減、慣れました。それより気になるのは、「お城」というフレーズです。

実は僕、この日の前日まで、長野の松本にいたのです。

「……行きました」

「なんでわかるの?」という言葉を呑み込みつつ、どうにかそう返した僕。そしてこの刹那《せつな》の間に、脳内の記憶をフル回転させます。僕、松本へ行ったことを、SNSとかに投稿したっけな……?

「なんでそう思ったんですか」

「いや、なんかそれっぽい人に視えるから」

視えるというのは僕の後ろの人のことでしょう。

「ええと。つまり僕、何か連れてきちゃってるとか……？」

「まあ、そうかな」

「……」

ちなみにこの僕の「……」は、（えらいことになった）のニュアンスです。なんて丑三《うしみ》つ時《どき》にふさわしい話をしているのでしょうか。

城下町で身にまとわりついた昔人の思念

「それ、具体的にはどんな人物が視えてるんですか。お侍さんみたいな人？」

このあと独り暮らしの家に帰らねばならないことを踏まえれば、あまり掘り下げたくない情報なのですが、聞かないわけにはいきません。

「そこまではよくわからないけど、お城のそばでよく視るタイプの昔の人が」

「時代劇で見かけるような出で立ちの？」

「ちょっと違う気もするけど、雰囲気としてはそんな感じかな」

「その人、僕の後ろで今何してるんですか？」

「そこまではわからない」

恐怖心を押し殺していろいろほじくってみるものの、今ひとつ明瞭《めいりょう》な証言が得られません。

「僕、お祓《はら》いとかしたほうがいいすかね」

「いや、そういうんじゃないから平気」

「そういうん」とはどういうんなのか。そして僕の後ろの人は、いったい何者なのか。酔いが疑問符で一気に吹き飛ばされましたが、おかっぱの彼は対照的に、だいぶまわっている様子です。

「だってこれ、地縛霊《じばくれい》みたいなの連れてきちゃってるんでしょう？」

「違う違う、よくあるやつだから大丈夫」

「……（よくあるのかよ）」

「そんな深刻なやつじゃないし、すぐ消える」

――このあたりのやり取りは、本当に埒《らち》が明かなくて悶々《もんもん》とさせられたのですが、どう

にか彼から聞き出したコメントを総括すると、システムとしてはおよそ次のような感じらしいです。

・昔から多くの人が訪れた要所には、その場に人々の記憶が残る。
・それを時に人は幽霊と表現しているようですが、実際は思念の残滓《ざんし》のようなもの。
・その思念が身にまとわりつくことが稀《まれ》にある。
・僕は今回、松本の城下町でその思念を纏《まと》ったまま帰ってきた模様。
・ちなみに、とくに意思を持って悪さをする類《たぐ》いのものではない。

だから「基本的には気にしなくて大丈夫」、なのだそうですが……うーん。モヤモヤを払拭《ふっしょく》できないまま、ほどなく彼の酩酊《めいてい》ぶりがいっそう深みを増したところで、この日はお開きとすることに。

帰りは一緒にタクシーに乗るつもりでしたが、一刻も早くコンビニで粗塩《あらじお》を買いたくて、先に彼だけ見送りました。そして帰宅後、悪霊ならどうか退散してほしいと、浴室で粗塩をゴリゴリと全身に塗りたくった僕ですが、まあ気休めかもしれません。

そもそも、おかっぱ頭の彼は本物だったのでしょうか？

たとえば渋谷にだってかつては渋谷城が建っていたわけで、「お城の近く」というのが当てずっぽうだったとしても、それなりの精度でこじつけられるような気がします。今となっては、真相は藪《やぶ》の中ですが。

それよりも、結局最後まで彼の名前を聞けなかったことが、ほんのりと残念な夜なのでした。

CASE 15

突撃！
ゲイカップルのスピリチュアルハウス

今も昔もメディアには多くの自称・霊能者が登場します。しかし、こうして自分の足で本物の霊能者を探し求めていると、まだまだ世の中に知られていない先生がたくさんいるのだなあと実感します。

僕としては、テレビに出まくっている高名な先生よりも、どちらかといえば人知れず活動している、商売っ気のない人物にこそ期待が高まるのが本音。知る人ぞ知る本物を探り当てたいというのは、僕なりのルポライター魂でもあります。そもそも、有名な先生は高いうえに予約が取りにくいですしね。

いやこの際、コストについてはいいでしょう。問答無用の説得力を持つ本物の霊能者にめぐり会えるなら、日々の酒量を減らして倹約《けんやく》するなど些末《さまつ》なこと。

そんなある日、知人女性からこんな声がかかりました。

「最近テレビによく出てる〝T&L〟ってスピリチュアルカウンセラー、知ってる？　本来、予約は一年待ちですごい人気なんだけど、ちょうど空きがあるから一緒にどうかしら」

ほほう。なんだかんだ言っても一年待ちの人気者と聞けば、やっぱりそそられてしまうミーハーな僕。偽物であったとしても、話の種にはなるでしょう。これは突撃しなければなりますまい。

ゲイカップルで霊能者。これぞダイバーシティ！

ちなみにここでは〝Ｔ＆Ｌ〟とイニシャルにしてますが、これは二人の男性のお名前です。僕は寡聞《かぶん》にして存じ上げなかったのですが、ゲイカップルの霊能者というキャッチーな触れ込みがウケて、当時スタートしたばかりのお昼の帯番組にも出演していたようです。

今回声をかけてくれた知人女性は、番組を見てすぐに母親と二人分の予約を入れたそうですが、見事に一年待ち。このほどようやく順番が回ってきたところで母親の都合が悪くなり、僕にお鉢《はち》が回ってきたというわけです。なんてラッキー。

僕は喜び勇んで指定の住所へと向かったのでした。

お邪魔したのは都内某所の一軒家。外観はまったくもって普通のファミリーハウスで、まさか霊能者カップルが暮らす家とは誰も思わないでしょう。

家の前で知人女性と落ち合って、予約の時刻ぴったりにインターホンを押すと、二人の男性が出迎えてくれました。ＴさんとＬさんです。

といっても、二対二のグループセッションをやろうというわけではありません。なんとなく靴を脱いであがった順に割り振られ、僕はＴさんの部屋に、知人はＬさんの部屋にと、それぞれ分散してのセッションとなりました。

ちなみにＬさんは外国の方なので、語学に自信のない僕はＴさん側に振り分けられて内心ホッとしたことを付け加えておきます（Ｌさんは日本語ペラペラなんですけどね）。

さて、室内はいくらかスピリチュアル的な装飾がされているものの、基本的にはよくある日本家屋の一室。彼らが住む前は、どこかのファミリーが子供部屋としてこの部屋を使っていたのかもしれないなと、自然に想像してしまうくらいには普通の住宅でした。

促《うなが》されるまま着席し、まずは名前や生年月日などひと通りの情報を渡された用紙に記入します。Tさんはその間も、「ここ、すぐわかりました?」とか「そのバッグ、いいですねえ」などとにこやかに話しかけてきます。

「――さあ、今日は何を聞きたいですか?」

記入済みの用紙を手に、じっとこちらの目を見ながらTさんが言いました。といっても決して威圧的ではなく、温かく包み込まれるような視線なので、思わず気持ちが緩《ゆる》みます。なんだかこのまま茶飲み話に興じてしまいそう。

僕は居住まいを正して、「お聞きしたいのは大きく三つで、仕事、健康、結婚のことです」と、いつものお題三点セットを放り込みました。

さて、一体何が始まるのでしょうか。

おなじみのオーラガチャ。今回は「青」でした

「お仕事、自営業と書かれてますけど、具体的にはどんなことをされているんですか?」

「フリーライターです。雑誌に記事を書いたり、本を書いたりしています」

「へえ、それは素敵。もう長いんですか?」

「もう少しで二〇年選手（※セッション時）になりますね」

「すごい！　文章が書けるっていいですよね～」

そんな感じで、まずは職業にリサーチが入るのはいつものこと。こちらからすれば霊能者ほど変わった職業はないと思うのですが、物珍しいのはお互い様のようです。

Tさんは柔らかな物腰のまま、僕の目から決して視線をはずしません。あるいは僕の目ではなく、何かオーラ的なものを視ているのかもしれませんが、よくわかりません。

「ただ、そろそろいいトシになってきたので、このまま今の仕事を続けていて大丈夫なのか、たまに不安になるんですよね……。どう思いますか？」

ここで、あえて少し弱気な口調で探りを入れてみる僕。しかしTさんは意に介しません。

「大丈夫ですよ。あなたは感性の豊かな人だから、状況によって少し心配しすぎちゃうことがあるみたいだけど、何かものを作ったり、表現したりする仕事にはすごく向いている色をしているから」

「色？　ええと、それはオーラみたいなものですか？」

僕の質問ににっこりとうなずくTさんに対し、なるほどオーラが視える系能力者なのですね、と察する僕。

「オーラで適職《てきしょく》がわかるものなんですね」

「もちろん。その人の持って生まれた性格や属性なんか、色を見れば一発ですよ」

「ちなみに僕の場合、他にどんな仕事が向いているんでしょうか？」

「表現を伴うものは全般的に合っていると思いますよ。営業職や接客業みたいに、人と接するお仕事はまず大丈夫だし、わりと機転が利《き》くタイプだからコメンテーターみたいな仕事だってやれるはず」

「僕のオーラ、何色なんですか？」

「青に近いかな」

これまで何人かの自称霊能者たちにオーラを視てもらったことがありますが、青と言われたのはたぶん初めて。たいていオレンジと言われるので、なんだかガチャでレア物を引き当てた気分です。

余談ですが、ものの本で調べてみたところ、オレンジはフリーランスに向いているカラーなのだそう。要するに、どいつもこいつも僕の職業から逆算してオレンジと言っていたのかもしれないなと、ちょっとバカバカしくなったものです。

ふと甦《よみがえ》る、過去に指摘された前世の職業

ここでおもむろに、Ｔさんの表情が「ニコニコ」から「クスクス」に変わりました。

「……どうかされました？」

「いえね、あなたのオーラ、ＩＫＫＯさんと同じ色なんです」

「は、はあ」

「あ、でも誤解しないで。つまりは才気に溢《あふ》れてるってことだから、悪いことじゃないんですよ」

ＩＫＯさんといえば、言わずと知れた超売れっ子タレント。たしか本業は美容家でしたっけ。

リアクションに困りながら、彼が出演しているというお昼の番組に、ＩＫＯさんもよく登場していることを思い出した僕。こうした著名人との接点の匂《にお》わせは、きっと若い女性には喜ばれるのでしょうね。

でも、一応マスコミの端くれである僕には効果は皆無。何より、そもそもオーラという、こちらからすると確認しようのないテーマが僕はあまり好きではないのです。

それにもかかわらず、うっかりこの話題に花を咲かせてしまったのは、Ｔさんの話術の賜物《たまもの》なのでしょう。基本的にペースは常にＴさんが握っています。

その中で、Ｔさんは僕の前世についてもこんなことを言っていました。

「仕事のことでいうと、あなたは今よりもずっと昔、中世の頃のフランスでは、パン職人だったんですよ。その意味ではものづくりにも向いているのかも」

一体いつの間に僕の前世を視たのでしょう。ちなみにこの前世というのもオーラと同様、言ったもの勝ちの世界。やっぱり確認しようがないので、「そうなんですか」としか言えません。ただ、ここでふと記憶に甦ったことが……。

本書の「ＣＡＳＥ７」で触れているエピソードですが、僕は過去にも「あなたの前世はヨーロッパのパン職人」と言われたことがあるのです。時代も場所もぴたり。この符合《ふごう》は何でしょう。

もっとも、これだけ手当たり次第に霊能者をあたっていれば、時にはこうした偶然も起こり得るのかもしれません。数百年前の職業を語る際、うかつに特殊な仕事を持ち出すと、時代考証の面で齟齬《そご》が起きるリスクもありますから、パン職人は無難といえば無難です。

それでも……うーん。

検証しようがないことなので、心にモヤモヤが残ります。試しに「フランスのどの地域ですか?」とか「どんなパンを作ってたんですか?」などと食い下がってみましたが、「そこまではわからない」と一蹴《いっしゅう》されてしまいました。

そんなこんなで、六〇分のセッションはあっという間に終了。大部分を仕事やオーラの話題に費やしてしまった気がしますが、最後にこんなことを言われました。

「あなたはもう少しおじさんになったら、ふたまわりくらい歳下の彼女ができますよ」

この時点ですでにそこそこおっさんなので、一体いつのことだよと思わんでもなかったですが、すぐに深掘りできなかったのは、なまじ脊髄《せきずい》反射的に喜んでしまったからでしょうか。

「マジすか、そりゃ楽しみです」などとクールに取り繕《つくろ》ってしまいました。

もうちょっと時期とか相手の素性《すじょう》とか聞いておけばよかった。まだまだ修行が足りません。

感想戦もまた楽しいスピリチュアルセッション

二万円の代金を支払い、お礼を言って部屋を出ると、ちょうど玄関で同じくセッションを終えた知人女性に出くわしました。僕らを見送るTさんとLさんは、実に仲睦《なかむつ》まじく見えます。

さて、スピリチュアルハウスを後にし、帰りの道中では「そっちはどうだった？」と感想戦が始まります。

彼女は「すごく楽しかったよ。仕事のこととか家族のこととか、いろいろたっぷり視てもらえてよかった」と満足の様子。

確かに僕が視てもらったTさんにしても、いかにもテレビタレント的なトークスキルの持ち主で、ストレスなく話せる座持ちのいい人でした。霊能者としての真贋《しんがん》をさておけば、楽しいひとときだったと言えます。

「ちなみに私、ＩＫＫＯさんと同じオーラだとか言われたんだけど！」

……おいおい。これってお決まりのジョークだったのかよ。

「あと、『一緒にいらした彼は水色のオーラだったね』とも言われたよ」

ほう？　Ｔさんには青と言われましたから、一応、整合性はとれているわけです。

ただ、僕ってこの日、普通にブルーのシャツを着ていたんですよね。二人そろって見た目のイメージに引っ張られたんじゃないかと、疑いたくなるのも致し方なしでしょう。

試しにスマホでググってみると、青いオーラの持ち主は、秘書や通訳、教師などの仕事に向いているとの情報がヒットしました。少なくともTさんの言い分とはまったく異なっています。やっぱりオーラの世界はよくわかりません。

ちなみに彼らが出演していたお昼の番組は、数年前に惜しまれて終了。しかし、ホームページを見た感じ、お二人は今も仲睦まじく元気に活動しているようです。

再び訪ねる機会があったなら、今度は円満な関係の秘訣《ひけつ》を相談するほうが実利的かも、などと思ってしまう離婚経験者の僕なのでした。

CASE 16

愛猫の本音に迫る⁉ ペットを霊視してみたら……

昔から「一寸《いっすん》の虫にも五分《ごぶ》の魂」と言われます。虫と一緒にするのは抵抗がありますが、確かに犬や猫など生活を共にするペットたちは明らかに感情を持っていますし、彼らにも魂が宿っていると考えるのは、むしろ自然なことでしょう。

そこで僕が目をつけたのがペット霊視です。

探してみると、「あなたのペットの気持ちを霊視します」というカウンセラーが、実は一定数存在しているのです。様々なタイプの霊能者を相手にしてきた僕ですが、これはいまだ未体験のジャンル。

かく言う僕は大の動物好きで、幼少期の将来の夢は獣医さんでした。今も猫（♀）と暮らしているので、彼女が日頃どんなことを考えているのか見通してくれるというなら、これほど興味深いことはありません。

なんだかいつも以上に酔狂《すいきょう》な試みですが、今回は霊能者の力を借りて、我が愛猫《あいびょう》と意思の疎通《そつう》を図りたいと思います。

期せずして見つかったお目当ての能力者

しかし、いざ腰を据《す》えてリサーチしてみると、ペット霊視を看板に掲げる人はちょこちょこ見つかるものの、コロナ対策のため、「カウンセリングはお電話にて。猫ちゃんの写真を送ってください」というスタイルが目立ちます（※当時）。

霊能者といえどもやはりコロナは怖い様子。だったら猫の気持ちよりも先に、コロナがいつ収まるのかを霊視してもらうべきな気もしますが、きっと霊能者にも得手不得手《えてふえて》があるのでしょう。

ただ、さすがに猫の写真をぺらっと一枚送っただけで、電話口であれこれ言われて「はい一万円」というのでは釈然《しゃくぜん》としません。そもそも本物である保証もないわけですから、どんな茶番に付き合わされるかわからない不安があります。

そんな理由からなかなか決心がつかず、しばらく保留すること数カ月。ところがつい最近、知人から思いがけない仲介がありました。

「動物とコミュニケーションが取れる」という霊能者に心当たりがあるそうで、対面形式でカウンセリングしてくれるとのこと。料金は四〇分で二万円とぼちぼちのお値段ですが、これは行くしかないでしょう。

すぐに知人経由でアポイントを確定させたところ、「あらかじめ霊視対象のペットの写真を五枚送ってください」と言われました。

もちろん、お安い御用です。スマホのフォルダを開けば猫だらけ、というのは愛猫家あるある。むしろ、たった五枚でうちの子の可愛さがちゃんと伝わるのかどうか心配です。

……なんだかさっそく趣旨《しゅし》を履《は》き違えている気もしますが、いざ出陣と参りましょう。

愛猫褒《ほ》めちぎり作戦に思わずデレデレ

訪れた先は関東某所のマンションの一室。看板の類《たぐ》いは一切なく、一階の集合ポストにはごく普通の名札がかかっています。

部屋の前でインターホンを鳴らすと、女性の声で「どうぞー」と応答がありました。施錠《せじょう》されていないようなので、扉を開けて中へ。すると奥のほうから、「あがってくださいねー」と聞こえてきました。

陽射《ひざ》しがよく入る明るいリビングで待っていたのは、フリルのついたちょっとガーリーなワンピースに身を包む、アラフォーくらい（たぶん）の女性でした。

「そちらにおかけください」と促されるままテーブルに着席すると、女性はお茶を持ってきて僕の前に置いてくれました。キッチンまわりの生活感からして、どうやらここは彼女の住居のようです。リビングの隣室は絨毯《じゅうたん》敷きの和室で、仏壇が置かれているのが見えます。

「――ええと、小鈴《こすず》ちゃんでしたよね。とっても可愛い子だから、連れてきてもらえばよかった」

女性はニコニコとそう言いながら、僕の正面に腰を下ろしました。そう、うちの可愛い猫ちゃんの名は小鈴というのです。

「あ、伝わります？　見た目は普通の日本猫なんですけど、もうとにかく性格が人懐《ひとなつ》っこくて可愛いんですよ」

思わず身を乗り出す親バカな僕を前に、先生は「うんうん」と頷《うなず》きながらｉＰａｄを取り出しました。そこには事前に送っておいた小鈴の画像が表示されています。

「小鈴ちゃんはものすごく寂しがり屋みたいですね。いつもご主人のお帰りを、今か今かと待ち構えていますよ」

「そうなんですよ！　物書き稼業とはいえ、日中は取材やら打ち合わせやらで、ほぼ出ずっぱりなものですから、いつも寂しい思いをさせてしまっているんです。出張も多いですし……」

おっと、いけない。僕は何を自らペラペラと情報を開示しているのでしょうか。危うくこのまま手のひらで転がされてしまうところでした。

「動物にも人間と同じレベルで個性があるんですよ。ただ、発声器官が人間とは違うからそれをストレートに伝えることができないだけで。でも、小鈴ちゃんは猫の中ではとても感情表現の豊かな子ですね」

おや？　いつもなら先に名前やら生年月日やらを用紙に記入させられるところですが、どうやらこのままセッションに突入するようです。

次々に明かされる我が愛猫の性格⁉

ちなみに事前に送っておいたのは、僕の名前と猫の名前、そして写真を八枚（↑多めに送ってしまった）のみ。

本当は小鈴の生年月日も求められていたのですが、もともと保護猫なので「不明」としました。

これらの情報だけで、どうやって四〇分間も話をもたせるのか。こちらとしてはお手並み拝見といった気分ですが、先生は構わずうちの小鈴の性格分析を続けています。とりわけ印象的だったのは次のような言葉でした。

「小鈴ちゃんはかなり聡明で、ちゃんと考えている子ですね。もちろん本能には逆らえないから、よくいたずらもしちゃうんですけど、自分が置かれている状況や家族のことなど、しっかり理解していますよ」

「根本的には気まぐれな性格だけど、構ってちゃん。わかりやすく言えばツンデレですよね」

「ごはんにはとくに不満はないみたいですけど、お水だけはもう少しまめに替えてほしいと願ってますよ。あと、綺麗《きれい》好きなのでトイレの掃除もまめにしてあげてください」

次々に小鈴の胸の内を語る先生。どれも心当たりのあることばかりです。……しかし、これってすべての猫に当てはまることなのでは？　そんな疑念がむくむく湧いてきたのも事実です。

その一方で、何かを言われるたびに愛らしい小鈴の姿が目に浮かぶので、どうも意地悪な気持ちになれず、ケチをつける気になりません。これは愛猫家心理を逆手にとった、ペット霊視の思わぬマジックなのかも。

とはいえ、四〇分なんてあっという間ですから、あまりおとなしくもしていられません。そもそものペット霊視のからくりについて、少しひもといてみることにしましょう。

霊視できるのはどんな動物?

「ちなみに先生には今、うちにいる小鈴の様子が視えているんですか?」

「うーん。視えているというよりは、イメージを共有しているといったほうが正確かもしれないですね。小鈴ちゃんが持っている感情や感覚とシンクロしている状態です」

「ええと、それは写真だけでシンクロできるものなんですか?」

「そうですね。ただ、一、二枚だと繋《つな》がれないことがあるので、いつも最低五枚は用意してもらうようにしているんです」

ほほう……。事実ならとんでもない能力じゃないですか。

「ってことは、小鈴が普段何を考えているのか、先生にはすべて伝わっているわけですか」

「(ニッコリしながら) その通りです」

「日常の不満やら彼女が望んでいることなど、何でも?」

「(やはりニッコリしながら) そうですね」

結構とんでもないことを言っている気がしますが、あまりに自信満々なので、うっかり「本当なのかも⁉」と思ってしまいそうな僕。しかし、ここは大きな深掘りポイントです。

「今この瞬間、家で小鈴が何を考えているのか、わかるんですか?」

「ざっくりとは」

「では、先生を通して、『もう少ししたら帰るからねー』と伝えていただくことはできますか」

「それは無理なんです」

「……」

シンクロしていると言っても、コミュニケーションは一方通行のようです。若干の香ばしさを嗅《か》ぎ取ったことで、こちらもエンジンがかかってきました。

「ちなみに動物なら何でもいけるんですか?」

「ええ、写真もしくは実物が目の前にいれば、たいてい大丈夫ですよ」

「牛でも馬でも?」

「もちろん」

「競馬やったら最強じゃないですか。走る馬に直接コンディションを聞けるんですよね?」

「あはは、確かにそうですね。そう甘くないでしょうからやりませんけど」

一瞬、この人を競馬場に連れて行って予想させる企画をどこかの週刊誌でやれないかと思いつきましたが、たぶんのってこなそう。

深堀りを続けます。

「たとえばレストランでステーキが出てきたら、『熱いよう!』とか『食べないで!』とか言ってるのが聞こえたりするんですか?」

「いや、さすがに生きてる動物じゃないと……」

「ですよねえ。じゃ、鳥類とか爬虫類《はちゅうるい》もいけますか？」

「うーん、爬虫類は無理ですね。昆虫もそうだけど、あの子たちは生物としてのベースがまったく違うので。たぶん感情もないんじゃないかしら。あ、鳥はいけますよ」

鳥はいけるのかよ。てことは恐竜もいけるってことですよね、などと喉元まで出かかりましたがやめておきました（※鳥類は恐竜の子孫）。

しかし、何を言われても答え合わせのしようがないという意味では、対象が猫だろうがトカゲだろうがこちらにとっては同じこと。なんというか、掘れば掘るほど目の前のこの先生こそが一番の珍獣ではないかと思えてきます。

馬もシンクロできます
競馬やったら最強じゃや!?

　ここで、話題をうちの小鈴に戻します。

「僕、独り暮らしなので小鈴をどこまでケアできているか、たまに不安になるんですよね」

「それは、ごはんとかおトイレの世話とか？」

「そこはルーティンなので大丈夫だと思うんですけど、さっきも言ったように出張が多いので、かなり寂しい思いをさせてしまっているはずで……」

　ここで先生は、あらためて手元のｉＰａｄに目を落とし、いくつかの画像を凝視《ぎょうし》しました。

「出張や旅行に出掛けるときは、ごはんやお水の世話はどうしているんですか？」

「（小鈴に直接聞けよと思いつつ）二泊三日まではタイマー式の給餌器《きゅうじき》でどうにかしています。水も循環式の給水器をセットして出掛けますね」

「三泊以上のときは？」

「（同じく小鈴に聞けよと思いつつ）その場合は友人知人にあずかってもらうようにしてますが」

「なるほど……」

　先生は少し考え込むように、またｉＰａｄに視線を移しました。

「本当はね、たったの一晩だけでもお父さんが不在なのはイヤなんです、彼女は」

「え、ええ。そうでしょうね」

小鈴がめちゃくちゃ寂しがり屋なのは、一緒に暮らしている僕が一番よく知っています。しかし、それよりもちょっと引っかかることが……。

「あとね、小鈴ちゃんはお父さんに早くお嫁さんをもらってほしいと思ってるみたいですよ」

「え、そうなんですか？」

「彼女は彼女で、お父さんを応援してくれているんです。今以上に幸せになってほしいって。ご結婚される気はないんですか？」

「ないことはないですが」

「ご夫婦で小鈴ちゃんの面倒をみられれば、よりケアも手厚くなりますし、何より寂しい時間が少なくなるのでいいですよね」

そう言ってにっこりと微笑《ほほえ》む先生。それはその通りなんでしょうけど……。僕はここで辛抱たまらず口を挟みます。

「あの。小鈴は僕のこと、〝お父さん〟って呼んでるんですか？」

「そうですね、お父さんです」

「おかしいなあ。僕は兄のつもりで接しているのですが」

「え」

「いや、ほら。そのうち結婚したら、子供は子供で授かるかもしれないから、そのときややこしいじゃないですか」

「な、なるほど……」

あかん、変な空気になってしまった。きっと妹萌《も》えのイタいやつみたいに思われたことでしょう。

結局この日は微妙なムードのままタイムアップ。最後に先生は「でも小鈴ちゃん、今とっても幸せみたいですよ。彼女はちゃんと満足しているから大丈夫」と、慰《なぐさ》めるように言ってくれました。

総括すると、物珍しくて飽きない四〇分間ではありました。しかし、その霊視能力が本物かというと、僕には判断材料がありません。というか終始、ニセモノでも言えることばかりだった感は否めませんが……真相を知るのは小鈴だけ。

それよりも、帰ったらあらためて、「お父さんじゃなくてお兄ちゃんと呼びなさい」と念を押さなければなりませんな。

CASE 17

運気の流れを見通す霊能者を訪ねて、いざ鎌倉！

たとえば政治家や経営者など、地位のある人には意外とスピリチュアルな世界に関心を持つ人が多いもの。実際、名のある占い師や霊能者が、誰もが知るようなビッグネームを太客に抱えているのはよく聞く話です。

そういえば僕の周囲にも、「あのとき、占い師のアドバイスに従《したが》って上京したから今がある」と語る売れっ子作家がいます。

もちろん、彼の成功はあくまで本人の努力と才能の賜物《たまもの》ですが、それでも「こんなに賢い人が信じているなら、やっぱり科学で説明できない不思議な力は存在するのかも……」と思ってしまうことがしばしばあります。

日頃からよく酒席を共にしている友人のMさんもまた、そんな人物の一人。

Mさんは独特の才覚でコロナ禍を物ともせずサバイブして見せたやり手の女性経営者で、社長仲間のあいだで話題の霊能者情報をたびたびたれ込んでくれる貴重な存在です。

地方で活動している無名の占い師から、カウンセリング料が数十万円もする海外の大物まで、彼女がもたらす情報は実にバリエーション豊か。本来であれば片っ端からあたっていきたいところですが、さすがに海外までおいそれと霊能者に会いに行けるほど僕はセレブではありません。

そんなある日、Mさんから新たな有力情報が飛び込んできました――。

鎌倉幕府滅亡の地のそばで

「また凄そうな人を紹介してもらったよ。鎌倉なんだけど、この時期なら観光客も少なくて密にはならなそうだし、よかったら行ってみない？」

今となっては「密」という言葉に懐かしすら覚えますが、そういう時期のお話です。

聞けば、すでに彼女の友人が数名、その先生のカウンセリングを受けているそうで、なかには恋人の職業までぴたりと当てられた人もいるというから期待は高まるばかり。何より、古都・鎌倉は霊的なものと親和性の高いイメージがあります。もしかすると本物に出会える……かも!?

そんなわけで、雨のそぼ降る二〇二〇年初秋の某日、僕たちは鎌倉駅に降り立ちました。駅からは少し距離があるようなので、タクシーを捕まえて目的地へ。途中、車窓の向こうを流れるしっとりと濡《ぬ》れた鎌倉の街が、これまた霊的な風情《ふぜい》を感じさせて良いムードです。

すると――。完全にMさん任せだったので、タクシーがどの方角へ向かっているのか僕は認識していませんでしたが、なんとなく見覚えのある風景に出くわしました。

「もしかしてここは……」とピンときたその瞬間、まさに通り抜けようとしているのは、知る人ぞ知る鎌倉幕府滅亡の地、「腹切りやぐら」があるエリアではありませんか。

ここでいう「やぐら」とは、お祭りの時に組み上げられるアレではなく、鎌倉周辺に多く残されている大昔の横穴のこと。納骨窟あるいは供養堂《くよう》として用いられることが多かったとされます。

腹切りやぐらは物騒《ぶっそう》なネーミングの通り、倒幕軍に追い詰められた北条高時《ほうじょうたかとき》が自害した場所とされ、地元では有名な心霊スポットになっています。僕もこの数年前に一度、撮影に訪れたことがありますが、戦死者の魂を供養する卒塔婆《そとば》が立てられていて、実におどろおどろしい場所でした。弥《いや》が上にも霊能者と対峙《たいじ》するムードが高まります……。

主婦の姿は世を忍《しの》ぶ仮の姿⁉

腹切りやぐらから走ることもう数分。到着した先は、周囲が緑に囲まれていること以外は、ごく普通の民家でした。今回視ていただく先生は主婦の方だそうで、紹介を受けた客のみ、こうして自宅に招いてカウンセリングしてくれるのだとか。

料金は六〇分で六〇〇〇円。この手のカウンセラーとしては破格に安い料金設定です。これは好印象！

インターホンを押すとすぐに、いかにも人の好《よ》さそうなお母さんがニコニコと出迎えてくれました。Tシャツ姿のラフな出で立ちは、とても霊能者には見えません。これはあくまで世を忍ぶ仮の姿、なのでしょうか。

促《うなが》されるまま、ダイニングテーブルに着席する僕たち。先生は二人同時でも構わないと言いますが、せっかくだから何でも赤裸々《せきらら》に相談したいということで、僕が先攻、Mさんが後攻と分かれて、個別にカウンセリングを受けることにしました。

僕のターンが終わるまで近所のカフェで待つというMさんを送り出すと、先生はまず、僕自身の生年月日と、視《み》てほしい人たちの生年月日、さらに僕の下の名前だけを聞いてきました。

逆に言うと、それ以外の情報はいっさいヒアリングなし。インチキほど事前にあれこれリサーチしたがるものなので、これはますます好印象です。下の名前を聞かれたのも、単にコミュニケーション上の都合で、カウンセリングには一切関係ないようでした。

僕が自分の生年月日のほか、母親の生年月日を伝えると、先生は「計算するので、ちょっと待っててくださいね」と、メモをとりながらスマホを電卓代わりにチャカチャカと忙《せわ》しなく指を動かし始めました。

五分ほど待って、いよいよセッションスタートです。

知らないうちに〝どん底〟から〝盛運期〟に！

先生は手元の紙に羅列《られつ》した数字を見ながら、まずこう切り出しました。

「哲《さとし》さんは昨年、どん底の時期だったんです。この場合は節分を一年の区切りと考えるので、昨年というのは二〇一九年の二月から今年の二月までを指します。そして今年（二〇二〇年）の二月からは盛運期に入っていて、仕事でも何でも非常に好調な流れに突入していますね」

なんと、どん底だったのですか僕は……。ちなみに節分を大晦日《おおみそか》とし、二月四日あたりにやって来る立春を一年の始まりとするのは、数秘術《すうひじゅつ》の考え方なのだそう。この日を境に、運気の流れが変わるらしいです。

試しにこの二月までをざっくり振り返ってみれば、確かに取り立てていいことはなかった気がします。我ながら憂《う》さ晴《ば》らしが得意なタイプなのですぐ忘れてしまいますが、嫌なことや傷ついたこともいくつか思い出せました。

でも、そんなのは誰にだってあること。どちらかというと、何も建設的なことがなかった空虚な一年であったことのほうが、僕にとっては由々しき問題です。言ってみれば、そこはかとない停滞感に悩まされた一年ではありました。

また、気になるのは二月から盛運期に入っていたという事実。盛運期とは文字通り、運気が盛り上がっていく時期だそうですが……。これも確かに、コロナショックの中でも仕事は途絶えませんでしたし、去年に比べて楽しいオファーが多い気はします。あくまで「言われてみればのレベルですけどね。

「盛運期といっても、コロナのおかげで新しいチャレンジがしにくいので、実感は薄いかもしれませんね。でも今、運気の流れは抜群にいいですよ。何かしらの停滞感を覚えているとしても、きっかけひとつで一気に世界が開けるはず」

ふむ、そう言われると悪い気はしません。でも、その盛運期があと数カ月で終わってしまうのがちょっと不安。どうせならもっと早く知りたかった！

さらに先生は数字を見ながら、今度は僕自身が持って生まれた星について解説してくれました。

「ひとことで言えば、哲さんは全体的にカオスな人なんです。（数字を僕に見せながら）適性とか本人のやりたいこと、他人から見た面白い部分というのが、いろんなところに混在し過ぎてるんですよね」

果たしてそれがいいことなのか悪いことなのか僕にはわかりませんが、僕が、次から次にいろんなことに手を出すタイプなのは間違いないでしょう。バンド活動をやっていたり、プロボクサーライセンスを持っていたり、国際忍者学会という組織に所属していたり、我ながらカオスという言葉は否定できません。

だからいろんな人に対応できるし、今の職業もきっとそういうお仕事でしょう？」とは先生の弁。ふむ。

持って生まれた現世のミッションは〝家族〟

序盤はこうして、謎の数字をベースにした僕の運気と人柄分析に終始。基本的に、言われることはどれもよく当たっているように思います。占いなんてそんなものと言われれば反論できませんが、それでも生年月日しか知らない初対面の人間を相手にしていることを踏まえれば、なかなかいい線いっている印象なのです。

僕の行動パターンや過去の出来事、同じく生年月日のみを伝えた母親の性格や過去の出来事について、あたかも昔からよく知っている友人のように、先生はナチュラルに的確なことを言います。

たとえば僕が会社員を辞めて独立した経緯について、「どうしても他にやりたいことがあると、自分を制御できなくなるのよね」と言い添えたり、かつて母親が大病したことについて、「普段は人一倍元気で丈夫な方なのに、突然で驚いたでしょう」とディテールを語ったり、いずれも一切の予備知識を与えていないのに、ふんわりと言い当てられた印象です。

ここで、先ほどから気になっていた疑問をぶつけてみることに。

「先生はどういう手法で僕や母のことを視ているんですか?」

「数秘術を使った、持って生まれた数字から視えるものが三割。こうしてご本人を直接視て、私の頭に流れ込んでくるイメージが三割。残りは対話の中から湧いてくるインスピレーションですね」

「では、もし僕と同じ生年月日の人が来たら、まったく同じ診断になるんですか?」

「運気の流れとか、持って生まれた星については同じことを言うでしょうね。でも、ご本人から入ってくる情報はそれぞれ違いますから」

なるほど、むしろ納得。数字だけで物を言っているわりには、細かい部分が当たり過ぎている気がします。

あくまでポーカーフェイスを保っているので、そんな僕の肯定的な感情を察したわけではないでしょうが、先生のアドバイスは徐々に数秘術からスピリチュアル的なものへと移行していきました。

「哲さんの現世のミッションは、ずばり〝家族〟なんです。これは前世でやり残したこと、と言い換えてもいいでしょう」

先生いわく、僕は前世でこっ酷《ぴど》い裏切りにあっているのだそうで、それゆえに現世では人一倍寂しがり屋なのだとか。まあ、寂しがり屋というのもざっくりと当たってはいます。

「つまり、自分の家庭を持たなければならないということですか？」

「そうです。ただ、これは現世での重要なミッションだから、なかなか一筋縄ではいかないんですよね。ちなみに、ご結婚は？」

「したいと思ってますが……」

「ですよね。そこは引き続き頑張りましょう。あと、ご実家の家族との関係に、少し問題がありそうですね」

おっと。さらりと言われちゃいましたが、僕は実の父親と絶縁しているので、おそらくそれを指しているのでしょう。でも自らそれは明かさず、「心当たりはあります」と返す程度にとどめました。

「前世で裏切られた相手というのが、家族の誰かだったのかもしれませんね。だからこそ、現世では自分の家庭を持つ努力をしなければならないんですけど」

「うーん、耳が痛いです。老いた母に、早く孫の一人も抱かせてやらなきゃとは思っているんですけどね」

「うんうん。お母さんも口に出さないだけで、本当にそれを強く望んでいますよ」

ここで先生は、「ちょっと待っててくださいね」と席を外し、二階へ上がっていきました。そしてトランプのようなカードをいくつか携《たずさ》えて戻ってきます。タロットカードでしょうか。

カードが示した不思議な符合《ふごう》……⁉

先生はその中のひとつをケースから出すと、手元で何度かきってこちらに差し出しました。そして、「お母さんを思い浮かべて三枚引いてください」と言います。

言われるまま、なるべくリアルに母親の顔を想像しながら、カードを三枚引き抜く僕。すると先生が、「ああ、やっぱり！」と声をあげました。見ると、一枚目のカードにすやすやと眠る赤ちゃんの姿が描かれているではありませんか。

「けっこうストレートに出ちゃいましたね、赤ちゃんが」

心なしか、先生はとても満足そう。確かに偶然にしては出来過ぎています。でも、そもそもこれはどういうカードなんでしょうか……。

「これはフラワーエッセンスカードといって、カードリーディングに使う道具なんです。要はインスピレーションを得るきっかけに用いるものなんですけど、これほど覿面《てきめん》に表れるのは珍しいですよ」

そう言って先生はけらけらと笑います。喜んでもらえてなんだか僕も嬉しい。

「ちなみに哲さんは来年の二月以降、盛運期は終わっても運気としてはいい流れのまま定着し、変化のピークを迎えます。これは歓《よろこ》びの年でもあって、結婚には最適な一年なんですよ」

「ほう、それはいい話！」

「そして、先ほどもお伝えしたように、現世のミッションは家族ですから、これをクリアすることで今抱えている停滞感が一気に晴れて、新しいステージへ踏み出すことができると思います」

「それは仕事面でも……？」

「そうですね」

うーん、実に希望を抱かせるセッションです。最後にささやかな記念として、さっき引いた赤ちゃんのカードを写真に撮らせてもらい、カウンセリングは終了しました。気づけば六〇分をとっくに過ぎていましたが、追加料金を求められることもなく、待機していたMさんにバトンタッチ。

全体として非常に満足度の高いセッションで、ぜひまた折にふれ話をお聞きしたいと、最後に先生とＬＩＮＥを交換してその場を辞しました。

ちなみに一時間後に再合流したMさんも同じ心境だったらしく、「よく当たるし、きっとまた会いに来るだろうと思ったから、途中でメモをとるのをやめちゃった」と言っていました。

霊能者としての真贋《しんがん》を問うのが野暮《やぼ》に思えるほど、前向きな気持ちにさせてくれる楽しいセッション。「なんでそんなことまでわかるの！」という衝撃があるわけではなく、淡々と雑談をしていたらいろいろ言い当てられてしまった、といった印象です。

次の運気の変わり目にでも、ぜひまた鎌倉を訪ねることにいたしましょう。

CASE 18

噂の魔女っ子と行く、山陰「怖場」ツアー！

本物の霊能者を探し求めて東奔西走《とうほんせいそう》。こんな活動を何年も続けていますと、霊能者と普通に友達関係ができあがってしまうことがしばしばあります。数年前に深夜の歌舞伎町で出会った、通称「魔女っ子」さんもその一人。

彼女の存在についてはもともと、友人から「俺のフェス仲間にとんでもないヤツがいるんだよ」と伝え聞いてはいました。いわく、「魔女っ子ってあだ名で呼ばれてるんだけど、何でも言い当てちゃうもんだから、噂《うわさ》が噂を呼んで、ちょっと前まで◯◯TV（※衛星放送の某音楽専門番組）で占いコーナーを持っていたんだ」とのことですから、これは気になる案件です。

なんでもその魔女っ子さん、鳥取県在住ながらフェスなど音楽系のイベントに合わせてたびたび東京にやって来るとのこと。これはぜひ、お会いしなければ！

ところが、なかなか機会が得られないまま時間が経過。ようやく邂逅《かいこう》を得たのは、今から数年前の春先のことでした。仲間と新宿で飲み明かしていたところ、たまたま入った酒場でその友人が魔女っ子さんと飲んでいる場にばったりと出くわしたのです。

縁は異なもの味なもの。スピリチュアル云々《うんぬん》はさておき、単なる酒場ノリで未明まで語り合ったのを機に、彼女との交流が始まりました。

今回はそんな魔女っ子さんのお話です。

鳥取良いとこ、怖場《こわば》へおいで

「鳥取においでよ。トモキヨが喜びそうな怖場がたくさんあるから案内するよ！」

歌舞伎町での別れ際、魔女っ子は僕にそう言いました。怖場とは聞き慣れない言葉ですが、いわゆる心霊スポットを指している様子。

僕はとくに心霊スポットに関心があるわけではないのですが、名うての霊能者と行くツアーとなれば、好奇心は止められません。おまけに鳥取は大好きな地域のひとつで、毎年必ず一度は訪ねている旅先。そんなわけで、首尾よく怖場ツアーは実現しました。

よく晴れたある夏の日、こちらの到着時刻に合わせて、鳥取砂丘コナン空港という冗談みたいなネーミングの空港まで迎えに来てくれた魔女っ子。「久しぶり！」と挨拶を交わして彼女の車に乗り込み、僕らは鳥取県中部エリアへ向けて出発しました。

歌舞伎町ではだいぶ深酒をしていたこともあり、どんなやり取りをしたのか記憶がいささか曖昧《あいまい》。そもそも彼女の腕前についても未確認のままです。そこでハンドルを握る魔女っ子に対し、ジャブ程度にリサーチを開始することに。

「魔女っ子は占い師を仕事にしてるんだっけ？」

「そうだよ！　今はもう、知り合いの紹介でしか仕事は受けてないけどね」

「そうなの？　それはどうして？」

「だって疲れるじゃんよ」

「そういうものなんだ。じゃあ、主に鳥取県内で活動しているの？」

「県内はもちろんだけど、けっこうあちこち呼ばれるよ。最近も大阪まで行ってきたばかりだし」

つまり、看板を掲げているわけではなく、クチコミで活動するタイプの霊能者。ちなみにファンキーな物腰も手伝って三〇代半ばくらいに見えますが、実は五〇歳を超えていると言うので驚きました。魔女ってそっちの意味だったの？

「ちなみに、トモキヨはどういうタイプの怖場が好きなのー？」

会話の隙間に、人生で初めて受ける質問を差し込まれました。

「……え。とくに好みというのは考えたことがなかったけど。逆に、鳥取にはどういうスポットがあるの？」

「この辺、ヤバい所たくさんあるよ！　たとえば〇〇町には××ってお寺があって、この一帯はもう遠目からでもいろいろ視えるし、□□エリアの△△山なんて、一歩足を踏み入れたらすぐ憑《つ》いてきちゃうから絶対に行かないって決めてる。他にも――」

早口でまくしたてるように周辺の〝怖場〟事情を語る魔女っ子。とりあえず行き先については一任することにしましたが、僕は一体どんな所へ連れて行かれてしまうのでしょうか……？

輪廻転生《りんねてんしょう》は過去のもの⁉　魔女組合からの最新情報

ちなみに怖場というのは山陰あたりの方言なのかと思いきや、そうではないらしく、単に彼女が好んで使っている用語のようです。「魔女組合の俗語みたいなもんじゃない？　あはは！」とは魔女っ子の弁。いや待て待て。

「ちょっと、その魔女組合ってのは何？　魔女っ子みたいな人が他にもたくさんいるの？」

「そーそー。別に本当の組合ってわけじゃないんだけど、鳥取近辺の魔女たちとはたまに集まって話したりするよ」

そもそも魔女って何だよと思わんでもないですが、文脈からすると要はこうしてカウンセリングで生計を立てている占い師や霊能者の寄り合いらしいです。

「ちなみに皆さん、集まってどんな話をしているの？」

「近況報告とか、他愛《たあい》もない話だよ」

「霊能者の近況って、めちゃくちゃ気になるんだけど」

「昨日見たテレビの話とか、夫の愚痴《ぐち》とか、本当に普通の話ばかり。……あ、でも。こないだちょっと面白い話題があがってたわ」

日本海に沿って国道九号をすいすい進みながら、魔女っ子はこう言いました。

「最近、生まれ変わりのシステムがもう終わったみたいなんだよね」

「え、それはどういうこと？」

「死んだあと、また別の人間に生まれ変わることがなくなったのよ。これはみんな言ってる」

「……」

仏教やヒンドゥー教の思想で有名な輪廻転生《りんねてんしょう》ですが、もはや今どきの魔女業界では時代遅れなのでしょうか。

「だとしたら、僕らは死んだらどうなっちゃうの？」

「うーん、それは私にはわからない」

「というか、やっぱりそもそも生まれ変わりというのはある前提なんだ？」

「うん。身体《からだ》なんて、結局ただの箱だから。中身（魂）はその後も存続するよ」

「そもそも、魔女の皆さんはなんで生まれ変わらなくなったって知ってるの？　誰から教わったの？」

「それもよくわからないけど、人間とは別のもっと大きな意思からのお告げみたいなもんかな？」

うむむ、ややパニック気味な僕。これはまともに取り合わないほうがいい話題なのでしょうか。でも、せっかくなのでもう少し頑張ってみます。

「ということは、魂はこれまで散々リサイクルされてきたってこと？」

「そうだね。でもさ、極論すれば箱は何でもいいわけだから。別に人間のこの体である必要はないんだよね」

「そういや、ちょっと前にテレビでやってたな。人間はそのうち、脳だけになって仮想空間で暮らすようになるかもしれないって。あつ森（あつまれどうぶつの森）みたいなものなのかね」

「そーそー。そのイメージが近いんじゃないかな」

魔女っ子はこともなげに言いますが、やっぱり理解が追いつくはずもなく。そうこうしているうちに、僕らは目的地に到着してしまいました。

思わずゾワッ！　怖場で僕が遭遇したのは……

そこは鳥取県中部のとある岬で、地元では有名な景勝地でした。海水が侵食して生まれた複雑な地形が特徴で、釣り人に人気のスポットなのだそう。その半面、スマホで検索してみると、このスポットを「伝説の魔境」と表現しているサイトもあったりして、怖場としても一定の知名度がある模様。

駐車場から断崖に沿って粗末な石段が造られていて、どうやら下まで降りられるようです。車を降りてから魔女っ子は「あ〜、ここは本当に良くないんだけどな。大丈夫かな」とブツブツ言いだしましたが、構わず降りてみることに。

魔女っ子を先頭に、たまに藪《やぶ》をかき分けながら、急な石段を下っていくこと数分。眼下に少しずつ、奇岩だらけの荒々しい岩場が見えてきました。この日の波は比較的おだやかでしたが、それでも岸壁が日本海の荒波にビシビシと打たれている光景はダイナミックで、僕にとっては絶景にしか思えません。しかし――。

「ねえねえ。ここ、本当に心霊スポットなの？　どちらかというと気持ちのいい景勝地じゃない」

「……そうだね」

「不穏《ふおん》な気配はまるで感じられないけどな。もう怖場に突入してるの？」

「……………」

下の岩場に向けて石段を降り始めてから、あからさまに口数が少ない魔女っ子。なまじ普段がおしゃべりなだけに、際立っておとなしく見えます。マイナスイオンたっぷりのこの環境に、何かを感じ取っているのでしょうか。あるいは石段がキツくてしゃべるのが億劫《おっくう》なだけなのか。

などと考えていたら、石段の中腹くらいに差し掛かったところで突然、魔女っ子が無言のまま踵《きびす》を返し、そのまま物凄《ものすご》いスピードで石段を駆け上がっていってしまいました。

僕はわけがわからず、「ちょっと、どうしたの？　待ってよ！」と叫びながら、同じく降りてきた石段を駆け上がります。五〇代とは思えぬ魔女っ子のスピードが、何かただならないことが起きたことを示しているようで、僕までちょっと怖くなってきました。

車を停めている駐車場まで戻ってきたところで、魔女っ子はぜえぜえと中腰で息を整えながら、こう言いました。

「……今の、見た？」

「え、何を？」

「階段の下のほう、倉庫みたいな石造りのスペースがあったでしょう？」

たしかに崖《がけ》の下に、ブロックを積んであつらえた構造物の残骸《ざんがい》があったのは覚えています。

魔女っ子が言うには、救命具などを収納していた倉庫の名残らしいのですが……。

「あのブロックの残骸のとこに、生首が置いてあった」

「え、ええ⁉」

「気づかなかった？」

「本当にそんなものが転がってるなら一大事だろ。もう一度見てくるよ」

「だめ！　絶対にやめたほうがいい！」

再び崖下に降りていこうとする僕を、必死に止める魔女っ子。いつもの陽気なキャラがウソのようにうろたえています。

「ええと、それって本物の、物理的な生首なの？　それとも、視《み》える人にしか視えない霊的なやつ？」

「私にははっきりと視えたけど、霊的なやつだと思う」

ならば、戻ったところで僕には確認しようがないわけか。もちろん魔女っ子の狂言である可能性だって否定できませんが、恐怖に怯《おび》える彼女の表情は実に迫真で、これが演技ならアカデミー賞ものです。

案内マップに並ぶ不穏な地名

「ああ怖かった！　もう、だからここに来るのはイヤだったのよ！」

数分たって息が整うと、落ち着きを取り戻した魔女っ子は吐《は》き捨てるようにそう言いました。連れて来られたのは僕のほうなのですが……。

「魔女っ子でもそういうの怖いんだ？」

「当たり前でしょ！　超気持ち悪かった」

「もう慣れっこなのかと思ってた」

「何度視ても慣れるもんじゃないのよ！」

ふと、駐車場の片隅に、磯釣り客向けに設置されたこの一帯の案内マップを見つけました。岬の先端、海岸線に沿って細かく地名がつけられているようなのですが、よく見てみると、このマップがちょっと変。

「平床」とか「大切石」とか「亀石」とか、磯場《いそば》にありそうな名称に混じって、「引廻《ひきまわし》」とか「ツンボ屋敷」といった、どこか忌《い》まわしさを感じさせる地名が散見されるのです（※不適切用語ですが、ここでは案内板のまま掲載します）。

「こういう地名ってさ、必ず何かのいわくに基づいているものなんだよね。やっぱここ、昔何かがあった場所なんだよ。ほら、この池なんて凄い名前でしょ」

魔女っ子が指さした小さな池には、「血染めヶ池」なるド直球な名前が付けられています。確かに、由来が気になるネーミングです。

そうして二人で案内マップを見上げていたその時――。僕の右足のふくらはぎを、何かがサワッとなでました。

びっくりして静かに足元に視線を落としてみましたが、何もありません。風でしょうか。不審に思いながら隣に目をやると、魔女っ子が僕のほうをじっと見ています。そしてこう言ったのです。

「……ね？」

「……え、うん」

「今の、気づいたでしょ」

「………」

何に「気づいた」のか、自分でもよくわかりません。でも、彼女は何かを察している様子で、「もういいから行こ」と僕を車のほうに促《うなが》し、「絶対に振り返らないで」と言いながら早足で歩き始めました。

逃げるように車に乗り込み、僕の投宿地である鳥取市内方面へ走り出して数分ほど。ようやく魔女っ子が口を開きました。

「ふう、怖かった。やっぱあそこはヤバいわ。もうちょいライトなとこにしとけばよかった」

「……あの。さっきの、あれ何だったのかな」

「トモキヨの足、さわられてたね」

「……」

うーん。やっぱりそういうことだったのか。じりじりとイヤ〜な汗が脇ににじみます。

「魔女っ子にはしっかり視えてたんだ」

「いや、怖いからあまり視ないようにしてたよ」

「……どうしたらいいんだろう。これって連れて帰っちゃったりするやつ？」

外は日が暮れ始め、ぐんぐん薄暗《うすぐら》さを増しています。このまま一人でホテルに泊まるなんて、考えただけでゾッとします。枕元にさっきのやつが立ってたらどうしよう。

でも、ビビりまくってる僕の心情をよそに、魔女っ子はすっかり落ち着きを取り戻しています。

「いや、大丈夫だと思うよ」

「ほんとに？　絶対？」

「あはは！　そんなに心配なら、宿についたらいったん足だけ粗塩《あらじお》で洗いなよ」

「粗塩なんて持ってないよ……」

「そんなのコンビニにあるでしょ。なければ最悪、冷水で流すだけでも効果あるから」

素人《しろうと》の僕としては、そこまで塩に全幅の信頼を寄せることはできません。でも、魔女っ子がいつものファンキーな口調に戻りつつあったので、僕もなんとなく安心し始めました。

魔女っ子の能力をもう少しひもといてみた

「いやあ、しかし大変だね。さっき僕の足をさわってきたのが何者なのか、魔女っ子は視ようと思えば視えちゃうんでしょ？」

「うん、そうだね」

「それって、その気になればいつでも視えるもんなの？」

「チューニングを合わせればいつでも」

魔女っ子いわく、ダイヤル式のラジオで周波数を合わせるような、微妙な感覚の調整によって、霊的なものが視えたり視えなかったりするのだそう。

「それでも、視たくなくても油断するとうっかり視えちゃうから、けっこうしんどいのよ」

「日常生活でも普通に視ちゃったりする？」

「するする。一番キツいのは〝添い寝〟ね」

「添い寝？」

「寝てるとき、寝返りうったら目の前にゴンッて顔があったりするの、超怖いよ！」

もう、想像するだけでおっそろしい。今回の旅ではもっと、僕の将来とか背後霊みたいなものを視てもらおうと思ってたのに。

「あいつら、基本的に構ってちゃんだから、視える人のそばにまとわりついてくるんだよね」

「魔女っ子に視えるのは霊魂だけ？　たとえば人の過去とか未来とかがわかっちゃったりすることもあるの？」

「ムラはあるけど、たいてい視えるよ。番組やってたときは、毎回いろんなミュージシャンの人を視てたんだけどさ、カメラの前で言っていいことと悪いことがあるから、何かと大変だったよ」

「それは、具体的にはどんなこと？」

「相手が人気アーティストだったとして、その人がひた隠しにしている同棲相手の姿がするっと入ってきちゃうこともあるからさ。よく、『ちょっといったんカメラ止めて！』とか言ってたわ」

「……なかなかすごいね、それ」

「○○とか△△とか（※いずれも有名なミュージシャン）、本番終えたあとに『なんでわかったんですか⁉』って、血相《けっそう》変えて相談に来たりしたもんね」

そうした衝撃体験を機に、音楽関係の面々がいいお客さんになってくれることもあるそうで、魔女っ子は霊能者としてなかなかの売れっ子のようです。ＹｏｕＴｕｂｅチャンネルでも立ち上げれば、いい小遣い稼ぎになるかもしれません。

そんな雑談をしているうちに、予約しておいたホテルの前に到着。僕は魔女っ子にお礼を言い、またの日の再会を約束して別れたのでした。もちろん、その足で粗塩を買いに走ったのは言うまでもありません。

CASE 19

不思議な料理人が作る
ヒーリングフードの世界とは⁉

ご存知のように、コロナ禍を機に、人々の働き方や生活様式は大きく様変わりしました。僕のような物書き稼業からすると、取材や打ち合わせがオンライン化され、移動の負荷が少なからず軽減されたのはありがたいことです。

実は、霊能者の中にも同様にオンラインセッションを始めた人が多いのですが、頑張ってリサーチしても今のところ本物臭のする案件はなし。というより、電話やZｏｏｍで済まされてしまうことに、どうも抵抗があります。遠隔で数万円を支払うのであれば、やはりそれなりの確度がほしいのがこちらの本音。

それからもうひとつ、個人的にコロナ禍の間に生活面で大きく変わったことがあります。それは柄《がら》にもなく自炊を始めたこと。不慣れなので何を作っても大味な〝ザ・男の料理〟ばかりですが、好きなものを好きな量だけ作れるのはなかなか楽しいもの。

そこでふと甦《よみがえ》ったのが、数年前の記憶です。僕は過去に一度だけ、料理を習いに行ったことがあるのです。といっても目的は料理そのものではなく、スピリチュアルな料理人と対面することにありました。

というわけで、今回は「料理×スピリチュアル」の奇妙な世界にご案内致しましょう。

会費は食材費込み、一万二〇〇〇円

我が家の最寄り駅からほんの数駅先のご近所に、欧風料理を教えてくれる先生がいると聞いたのは、そろそろセミの声が鳴り止みそうな初秋の時期でした。

しかし当時の僕は、食事はもっぱら外食ばかり。料理には微塵《みじん》も興味はありません。それでもその先生に興味を持ったのは、その先生が「ヒーリングフード」の大家であるとの触れ込みだったためです。

ヒーリングフードとは聞き慣れないジャンルですが、その先生が掲《かか》げる定義によれば、「霊的な力を宿す食材を、霊的な手法で調理することで、食事を通して心身のバランスアップと免疫アップを目指すもの」なのだとか。

そんな食生活の効果なのか、自身も霊的な力を宿しているというその先生、二カ月に一度だけ自宅に数名集めて、ヒーリングフードの料理教室を開催しているとのこと。

いろんな意味で香ばしさを感じさせる案件ですが、いつものセッションと違うのは、たとえインチキであっても腹だけは満たせる点。これは魅力的です。

ただ、料理教室という未知の空間に、男一人でアタックするのがどうにも気恥ずかしかったので、スピリチュアルな分野に理解がある女友達のA子さんに同伴をオファー。さっそく二人でヒーリングフード教室に参加を申し込みました。

幸いにして空きがあり、予約はスムーズに成立。当日は一万二〇〇〇円の会費（食材費込みだそうです）とエプロンを持参するよう言われました。

しかし、エプロンなんて僕にとってはこの世で一番縁のないアパレル。そもそもどこで買えばいいのかもわからず、早くも心が折れそうになりましたが、近頃は百均でも売ってるんですたものです。

ね。エプロンを購入するという体験からしてもう新鮮で、早くも新しい扉が開かれた思いがし

マダムの不思議な欧州体験

さて、訪ねた先はいかにもお高そうな住宅が建ち並ぶ、都内のあるエリア。A子さんとそろってインターホンを押すと、家屋の外観から想像するイメージと寸分も違わない、派手なアクセサリーをいくつか纏《まと》った派手めのマダムが出迎えてくれました。

通されたのはカウンターキッチンが見える広めのリビング。すでに四人の女性がいて、この日は僕らを含めて計六人でレッスンを行うとのこと。

洗面所で手洗いをして、まごまごと慣れぬ所作でエプロンを身に着け、テーブルに着席してマダムの準備が整うのを待ちます。

他の参加者の面々は、いずれも三〇代から四〇代くらいでしょうか。彼女たちが何を思ってヒーリングフードを習いに来たのか興味は尽きませんが、何のBGMもないリビングはシーンと静まり返っていて、雑談に花が咲くほど場が温まりません。同伴のA子さんとの会話も、ついヒソヒソしてしまいます。

待つこと数分。高そうなエプロンを着けたマダムが「さあ始めましょう！」と高らかに宣言し、沈黙は破られました。

マダムいわく、この日のメンバーの中には二人ほどリピーターがいるそうで、つまり僕らを含めた四人は初参加。まずはマダムの簡単な自己紹介と、ヒーリングフードの説明から幕を開けました。

なんでもこのマダム、夫の仕事の都合で海外を転々としてきたそうで、現地で仲良くなった人たちに和食を教え始めたのが料理講師の原体験なのだとか。和食ブームの影響もあり、マダムの教室は盛況《せいきょう》だったようで、一年、二年と続けるうちに、逆に現地の人から郷土料理を教わるようになったのだそうです。

そして、料理を介した異文化交流を広げていくうちに出会ったのが、この日のお目当てであるヒーリングフード。もともと幼い頃から霊感が強かったと語るマダムは、こんな体験を語りだしました。

「初めてヨーロッパに足を踏み入れて二カ月ほどしてから、身の回りでおかしなことがたくさん起こり始めたの。それまでヨーロッパはおろか、海外へ出たことは一度もなかったのに、街ですれちがう人やレストランのスタッフが、『久しぶり』とか『また会いましたね』とか、次々に声をかけてきて……。それがあまりに続くものだから、最初はパニックでおかしくなりそうだったわ」

そんなマダムの外見は、純和風とは言えないものの、どう見ても東洋の人。海外で他人の空《そら》似《に》が発動するのはけっこうレアに思えますから、混乱するのも無理はないでしょう。

「そのうち、向こうで出会ったある人物から、『あなたは前世でこの街で暮らしていたのよ』

と言われて、ハッとしたの。言われてみれば、初めて訪れた地域のはずなのに、街のどこに何があるのか、なんとなく察しがついてしまうことがすごく多かったのよ。以前ここで暮らしていたというのも、妙に納得したわよね」

ううむ。なぜ前世の知り合いたちがまだ生存しているのか、素朴《そぼく》な疑問ではあります。

おそらく教室を開くたびにこの説明をしているのでしょう。マダムの口調が仕上がり過ぎていて、それがかえって胡散臭《うさんくさ》く感じてしまうのが率直な感想。なんだか一万二〇〇〇円の会費が急に割高に思えてきました。

ヒーリングフードの定義とは？

ともあれ、前世を指摘する言葉を受けて以降、マダムはいっそうスピリチュアルな世界に傾倒していったようで、現地の高名な占い師や霊媒師を訪ねてはセッションを重ねたのだそう。

「初めて行った場所で、突然ばーっと頭の中に過去の映像が湧《わ》いてくることもしばしばあった」そうで、事実ならなかなかのサイコメトラーぶりです。

ちなみに、「あなたは前世でこの街で暮らしていたのよ」と彼女に告げた人物も、地元では有名なヒーラー（※霊的な力を駆使《くし》する治療者）であり、ヒーリングフードの師匠でもあるのだとか。

ここまで黙ってマダムの言葉に耳を傾けていた僕ですが、このあたりで挙手して質問を投げてみることにします。

「――先生、ヒーリングフードの定義って何ですか？　食べるとどういう効果が得られるんですか？」

隣のA子さんも同じ思いであったようで、無言でウンウンとうなずいています。

「はい。皆さんご存じないかもしれませんが、ヨーロッパというのはヒーリングフードの先進国なんです。自然が育んだ食材というのは、大地のパワーを受け継ぎ、私たちの体にエネルギーを与えてくれるもの。だから本来、食材は自然のまま摂取《せっしゅ》するのが一番なのよ」

質問に対する答えになっていない気がしますが、僕は曖昧《あいまい》にうなずきながら次の言葉を待ちます。

「和食も健康食として広く知られていますけど、実は欧風料理も負けていないのよ。塩分や油分が調整しやすいメニューが多いし、調味料もハーブで代用できるものばかり。つまり欧風料理は、自然のものをなるべく自然の状態に近いまま、体に取り込むことができるものなんです」

ふむ。これがヒーリングフードではなくオーガニックフードの説明なら、すんなり聞き入れられるのですが。

「あの、食材を自然のまま摂取すると、どんないいことがあるんですか？　たしかに健康には良さそうですが……」

辛抱たまらず、再び挙手してそう訊ねると、マダムは満足そうな笑顔で「あなた、それはとてもいい質問よ」と言ってくれました。

「自然のままの食材には、自然の気がふんだんに含まれているの。これを適切な調理法で食べることで、心と体のバランスが整えられ、免疫力や自然治癒力など、人間が本来持っている力が大きく引き上げられるんです。女性であればアンチエイジング効果も期待できるわね」

なぜアンチエイジング効果は女性だけなのか。単なる言葉の綾《あや》なのでしょうが、男だって若々しくありたいもんです。

いざ実食！……の前にマダムからひとこと

ひと通りヒーリングフードの説明が終わったところで、ようやくレッスン開始です。二人一組になり、先生の指導に従って食材の下ごしらえから始めます。僕は当然、A子さんとのカップリング。

よその料理教室がどんな雰囲気なのか知りませんが、いざレッスンが始まると、他の四人の女性の口数が途端に増えました。それぞれ和気あいあいとしゃべりながら、食材を刻んだり、鍋を火にかけたりしています。

正直に明かせば、この時どんな料理を作ったのか、僕はほとんど覚えていません。言われるまま、半ば自動操縦のように手を動かしていただけで、食材を切ったりする作業は、料理に慣れたA子さん任せでした。

つまり、何をやらされているのかわからないまま、気がつけば調理を終えていた印象しかありません。

食材も基本的にはそのへんのスーパーで買えそうなものばかりに見えました。もっとも、野原に生えている雑草と希少な欧州産ハーブの違いが僕に見分けられるのか、極めて怪しいところですが……。

なお、この一時間ほどの調理中、マダムの口からスピリチュアルな発言が一切なかったのはちょっと拍子抜け。ここだけ切り取れば、ごくごく健全な料理教室に見えることでしょう。

マダムが再び本領を発揮し始めたのは、仕上がった料理をみんなでいただくお食事タイムに突入してからでした。「いただきまーす！」と一斉に食べ始めるのかと思いきや、ここでマダムはとんでもないことを言い出したのです。

「じゃあ、◯◯さん（端に座っていた女性）から順に、目をつぶって胸に手をあて、ひとつひとつの食材とシンクロしてね」

これには思わず「えー！」と声を出してしまいました。リピーター以外の四人も、さすがに戸惑いの表情を浮かべています。

「えーじゃないの。ヒーリングフードはこれがとっても大事なんだから」

「でも、シンクロというのはどうやれば……」

「だから言ってるじゃない。目をつぶって胸に手をあてるの。そして目の前の食材に意識を集中させて！」

最初に指名された◯◯さんはリピーターなので、さして戸惑った様子もなく、言われたポーズで沈黙しています。……というか、この人よくリピートしたな。

せめて一斉にやればいいのに、なぜか順に一人ずつ、それもたっぷり二、三分かけてこれをやるので（※あくまで体感時間）、料理が冷めてしまいそうで気が気ではない僕。なまじ美味《おい》しそうな匂《にお》いがしているので、ハンパないお預け感です。

しかし、毒を食らわば皿まで。ヒーリングフードを食らうには、この珍妙《ちんみょう》な儀式は不可避の様子。ここは耐えるしかありません。

お土産はヒーリングお菓子でした

どうにかこうにか儀式をやり過ごし、ようやくありついた料理は、普通に絶品だったことだけ覚えています。

食事中、マダムはメニューひとつひとつを解説しながら、合間にスピリチュアルな話題を差し込んできました。「◯◯さん、前回よりオーラが明るいわね。何かいいことあったんじゃない」とか（オーラって明度があるの？）、「◯◯さんは疲労性のゆらぎが見えるわ。今日使ってるハーブは回復にぴったりだと思うわよ」など（ドラクエの薬草かよ！）、一人ひとりに霊能者っぽいことを言っています。

しかし僕はといえば、男が一人だけ混じっている異物感のなせるわざか、「どう？　やってみると意外とお料理も楽しいでしょう？」と、単なるおばちゃんモード。

「先生、僕にももっとこう、オーラがどうみたいなやつがほしいんですけど」

「あなたは明るいから大丈夫よ。男だし、細かいこと気にしないの」

同じ料金を払っているのに、なんたる差別。仲間外れにされている僕を見て、隣でA子さんがクスクスと笑っています。

まあ、しかし。我ながら場違いなのは否定できません。ここはもっと料理好き&占い好きな人が集まる場なのでしょう。野郎なうえに疑り深い僕のような人種は、マダムにとって本来、招かれざる客であるはず。

そんなマダムは食事後、僕たち一人ひとりにプチギフトをくれました。中身はヨーロッ

パのお菓子だそうで、「自然の食材をそのまま生かしてるヒーリングお菓子」なのだとか。

さらに帰りがけ、僕が同伴したA子さんを呼び止めて、こんなことを言い出しました。

「あなた、気の流れが良くないわねえ。ずっと気になっていたのよ。疲れているでしょ」

出ました。「疲れているでしょ」は、たいていの社会人に当てはまる魔法の言葉。案の定、A子さんも「そうなんです、最近残業が多くて」などと応じています。

その素直なリアクションから〝イケるくち〟と判断したのでしょう。マダムはここで大胆にも直接、ヒーリング行為を始めました。

「じゃあ、ちょっとだけ後ろを向いて。そして少しうつむき加減で、やわらかく目をつむっていてね」

されるがままのA子さんの首筋に、マダムは指を二本そろえてあてがい、スッスッスッと何往復か撫《な》でました。

「うん、これで大丈夫。少し気が流れだすと思うわ」

「え、すごい。そんなこともできるんですね」

「あとは今日の献立《こんだて》を意識した食事を、できる範囲で続けてみて。心身の芯《しん》から少しずつ癒《い》やされていくはずよ」

「ありがとうございます」

やっぱり素直なA子さんのリアクション。マダムにとってはこれほど可愛い客はいないでしょう。

帰り道、A子さんに「最後のあの変な儀式、どうだったの?」と聞いてみると、わりと肯定的にこんな答えが返ってきました。

「それが、ちょっと不思議な感覚だったの。指がキンと冷えていて、なんだか心地よかった。これがヒーリングかあと、ちょっと感心しちゃった」

いや、それ単なる冷え性だろ! 僕はそんな言葉を必死に呑み込みながら、「こんなに影響を受けやすい人だったのか……」と、A子さんの意外な一面を噛《か》み締《し》めつつ帰路についたのでした。

なお、引き続き自炊を続けている僕ですが、このときに習った欧州料理にチャレンジしたことは一度もありません。

CASE 20

数年越しの悲願！ついに対面したラスボス級霊能者

本書をここまでお読みいただいた方なら、すでに察していることでしょう。身《み》も蓋《ふた》もない物言いになりますが、本物の霊能者なんてそうそういるものじゃないんです。

もともと「十人に一人でも本物がいれば儲けもの」くらいの気持ちで始めたこの取り組みですが、実際のところは二十人に一人でもちょっといい線いってる人がいれば御《おん》の字、というのが僕の正直な感想です。

逆に言えば、稀《まれ》にいい線いってる先生がちゃんと存在していることも、少しは伝わったのではないでしょうか。

あからさまに不思議な現象に直面するわけではなくても、インチキならやらない手法で何かを言い当てる人に出会ったり、あとから不思議に符合《ふごう》する奇妙な体験をしたり。ここまで、いかにもコラム映えしそうなケースから優先的に、十九人の自称・霊能者との邂逅《かいこう》を綴《つづ》ってきました。

こうした僕の活動を面白おかしく見守ってくれている周囲の方々からは、「よく次から次にいろんな霊能者を見つけてくるよね」と感心されますが（あるいは呆《あき》れられてる?）、それも日々、様々な情報を寄せてくださる皆さんのおかげ。

しかし、なかには会いたくても会えない、どれだけ望んでも扉が開かれない、ハードルの高い先生がいるのも事実です。

本書の最後に、僕が何年も恋《こ》い焦《こ》がれた末にようやくお目にかかれた、ある霊能者の話をお送りしましょう。

家族しか知らない、亡き父の最期の状況

名をしおりさん（仮名）というその先生は、前評判からして強烈でした。存在を初めて耳にしたのはかれこれ十年以上前のことで、懇意《こんい》の美容師とのこんな会話に端を発します。

「私がよく視《み》てもらってる霊能者の先生、たぶん本物だと思うよ」

「なぬ！　どうしてそう思うの？」

「私も占い好きの知人から紹介してもらったのがきっかけなんだけど、こっちが何も言わなくても、家族しか知り得ないようなことを次々に言い当てられるのよね」

美容師の彼女いわく、人づてに初めてカウンセリングを申し込んだのは、もう二〇年も前のこと。そして初対面の場で、しおりさんからおもむろにこんなことを言われたのだそうです。

「あの、ちょっと前に亡くなられたお父さんが、『枕元の音楽がとても気持ちよかった、ありがとう』とおっしゃっているんですけど、これって何か心当たりありますか……？」

この言葉に彼女はびっくり。

彼女のお父さんは癌《がん》でこの数年前に逝去《せいきょ》しているのですが、たしかに最期《さいご》の最期、もう意識もない状態の中、少しでも苦痛を和らげてやりたいと家族がラジカセを持ち込み、クラシック音楽を耳元で流したのだと言います。

この時点で、彼女からしおりさんに伝えていた情報は、お父さんが数年前に癌で亡くなった

という事実のみ。病床でBGMを流したエピソードは、家族以外誰も知らないはずでした。

「でもさ、葬儀場ならたいていBGMがかかっているから、当てずっぽうでも言えることじゃない？」

そう意地悪なツッコミを入れてみる僕。しかし、「枕元って言われたら、病院しかあり得なくない？」と即座に論破されてしまいました。

また別の日のしおりさんとの対話では、こんなこともあったそう。

「当時お付き合いしていた彼氏が、仲間と三人で居酒屋を開こうとしていたので、しおりさんにうまくいくか視てもらったの。彼の名前と、他の二人（男性と女性）、それぞれのフルネームを紙に書いて見せて。そうしたら、『これはあまりいいことにならないかもしれません。この女性の方、あなたの彼氏さんのことを好いていますもの。一緒に働き出したら、お付き合いに発展してしまいます』って言われたのよ」

これが数カ月後に現実のものとなり、彼女は見事に彼氏と破局したというのです。

ううむ。しかしこれも、チーム内に男女がそろえば、可能性として普通に起こり得るパターンです。

疑い続ける僕の様子を見て、彼女はさらにこんなエピソードで追撃してきました。

「あと私、数年前にロフトから落ちて膝《ひざ》の靭帯《じんたい》を傷めたことがあるのね」

「ああ、知ってる。今もケアが大変そうだもんね」

「あの時、最初に救急搬送された病院でＭＲＩを撮って、『何ともないですよ』と診断されたんだけど、それでもそれから半年以上ずっと膝が痛くて。それで何度か同じ先生に診《み》てもらってたんだけど、そのたびに『いや、何ともないですから』の一点張りで困っていたの」

「美容師は立ち仕事だし、死活問題ではあるね」

「でしょう？　でも、たまたまそのタイミングでしおりさんに会うことがあって。そうしたら私が何か言うより先に、『大変！　その膝、すぐにちゃんと病院で診てもらって！　一軒目より二軒目の先生がとてもいいから、ちゃんとセカンドオピニオンを求めるのよ』って言われて……」

果たして、これもしおりさんの言う通りの未来が待っていました。

一軒目の医師の診断にピンとこず、すぐに続けて二軒目の病院へ向かったところ、靭帯はやはり切れていて、しかも時間が経過しているせいで組織が癒着《ゆちゃく》し、なかなか大変な状態であることが判明したとか。

最初のヤブ医者のせいで、無駄に痛い半年間を過ごしたばかりか、必要以上に大掛かりな手術を受けるはめになったのは、不幸というしかありません。しかし、これをずばり言い当てたしおりさんへの信頼は爆上がりで、彼女はこの二〇年間、数カ月に一度のカウンセリングを欠かさず受けているのだと言います。

お父さん、彼氏、膝の三連コンボで、さすがに僕も「この先生はちょっとすごいかも……」と気になり始めました。これはぜひお会いしてみたいと、美容師の彼女を通してラブコールを送ります。

しかし、つれない返事が続くばかり。
「今はもう新規の客は取らないからって言われちゃった。私も年に一、二度しか会えない人だから、けっこう忙しいみたい。ごめんね」

面会拒絶のしおりさんが翻意《ほんい》したワケ

それでもめげずに、折りに触れ件《くだん》の美容師に「ダメ元でもう一度だけしおりさんに頼んでみて！」としつこく繰り返す僕。今にして思えば、彼女もしおりさんも鬱陶《うっとう》しいことこの上なかったでしょうが、それでも数々のエピソードを聞けば、少々時間が経ったところで僕の関心は止まりません。

もはや断られるためにラブコールを送っているような状態に陥って約二年。ある日、唐突にしおりさんがこう言ってくれました。

「あら、いいですよ。この方、今とても困っていらっしゃいますものね」

美容師づてにこの言葉を聞き、歓喜するよりも心底びっくりした僕。どうせ今回もダメだろうと油断していたせいもありますが、何より驚かされたのは「今とても困っている」という言葉でした。実際にこの時期、僕はいくつかの困り事を抱えていたのです。

当時の状況を簡単に説明しますと、この少し前に離婚を経験していた僕は、気ままなシングルライフを満喫《まんきつ》する傍《かたわ》ら、元妻の不倫相手との訴訟や、終わりそうで終わらない名義変更などの諸手続きに辟易《へきえき》していました。

また、母親の癌が発覚したのもこの時期です。病院に付き添ったり何だりという労力よりも、母はそれまで大病と無縁な人だっただけに、「もしや僕の離婚が心労になり、それが体を蝕《むしば》んだのでは……」などと責任を感じて悶々《もんもん》としたものです。

さらに極めつけは、突然やって来た税務調査。もともと会計管理がずさんだったのは大いなる反省点ですが、まさか一介のフリーライターに税務署が目をつけるとは夢にも思わず、どう対応すればいいのかわからなくて右往左往するはめに。

慌てて税理士を雇ったものの、過去七年分の帳簿を作り直さなければならない事態に陥り、「こんなに大変なら死んだほうがマシだ！」とうそぶいていたのを思い出します（実際、めちゃめちゃキツかったのですが）。

そんな状況下で急にしおりさんが「この方、今とても困っていらっしゃいますものね」と翻意するのですから、僕の近況が本当に視えていたのではないかと思ってしまうのも、致し方ないでしょう。

かくして僕は、ある平日の昼下がりに、ついにしおりさんを訪ねることになりました。

山手線某駅から至近の好立地でありながら、あまり目立たない雑居ビルの一室にしおりさんの事務所はありました。

指定された部屋のインターホンを押すと、小綺麗な初老の女性が「お待ちしておりました、しおりは奥の部屋にいますので」と出迎えてくれました。あとで聞いたところによると、この方はしおりさんのお母さんなのだそう。

通されたリビングには、対面で二人座れる小さなテーブルがセットされています。すぐに部屋に入ってきたしおりさんもまた小綺麗な身なりをされていて、歳の頃はおそらくアラフィフくらいでしょうか。何より、おっとりと丁寧な物腰が印象的です。

「あの、何度も無理を言ってすみませんでした。今日はありがとうございます」

まずは感謝の気持ちをお伝えしようと決めていた僕。

「いえいえ、今あまり余裕がなくて、長らくお待たせして申し訳なかったです」

これまでお目にかかってきた霊能者の中でも、断トツに腰が低いしおりさん。初対面の気がしないのは、何年も彼女の話を伝え聞いていたからでしょうか。

着席すると、最初に簡単な説明がありました。料金は三〇分で一万円。三〇分で終えてもいいし、話の流れでもう三〇分延長しても構わないとしおりさんは言います。

そのままカウンセリングは極めて自然な形で始まり、僕が何かを質問するというよりも、少し畏《かしこ》まった雑談のように幕を開けました。

「友清《ともきよ》さんは今年、チャンスに恵まれるタイミングですね」

「そうなんですか?」

「ええ。ここからの三年間は仕事面でもプライベートでも、今後の人生の方針を決めるのにとてもいい時期ですよ」

たしかに、離婚の後始末、母の病、税務調査という三重苦の状況はそろそろ片付きそうですから、生活から膿《うみ》を出し切ったと思えば、向こう数年は軽やかに生きられる気はします。

「友清さんはすごくご先祖の護《まも》りが強いんです。とくに女性に護られやすいですね」

「ええと、それはどう解釈すればいいでしょうか」

「はっきり言えば、父方のおばあちゃんの守護が、強すぎるくらい強いんです」

母方のばあちゃんは何をやってんだよと思わなくもなかったですが、しおりさんの口調は常に丁寧で、カウンセラーとして心地の良いムードを醸《かも》し出しています。

ただ、ここまで何度も述べてきたように、僕は守護霊トークがあまり好きではありません。ご先祖様に護っていただいているのはありがたいかぎりですが、誰にもその真贋《しんがん》を判断することはできないのです。

しかし、数年越しの悲願が叶ってようやくお会いできたしおりさんですから、僕はもう三〇分延長して、一時間たっぷりと対話を楽しむことにしました。

この日とくに印象に残ったのは、僕が住んでいる地域がとても運気が良いらしく、引き続き機嫌よく暮らせばいいという言葉と、「友清さんは今後も女性には困らないから、どんな選択をしても後悔する必要はないですよ」という次の結婚に向けた助言。まあ、悪い気がしないのは当然ですね。

結論を言えば、この日は心底びっくりするようなことはありませんでした。「なんでそんなことまでわかるんですか！」と驚く気満々だったので、前評判はどうあれ結局こんなものかと変に納得する自分もいました。

それでも、その場で次回の予約をお願いしたのは、しおりさんとの気持ちの良いコミュニケーションが気に入ったからなのだと思います。

「なんでそんなことまでわかるんですか！」

二度目のセッションは、その八カ月後に訪れました。先に言ってしまうと、この日のしおりさんがすごかったのです。

まず冒頭で「お久しぶりです」と挨拶をすると、しおりさんは僕の肩口くらいを視ながら、うんうんと頷《うなず》き、「よかった、お元気そうですね」と一言。

ちなみにこれは僕の後ろにいる何者かを視ているのではなく、「波動」をチェックしているのだそう。しおりさんは波動という言葉を好んで使いますが、これは人により、オーラや生命エネルギーなどと言葉を変える類いのものと想像できます。

そしてこの日のトークの前半は、大病を経てどうにか元気を取り戻した僕の母について、「向こう一年我慢すればもう大丈夫なので、どうか温かい気持ちで労ってあげてくださいね」という助言や、「友清さん、ちょっと飲み過ぎですね。血中コレステロールに十分注意してくださいい」と忠告されたのがハイライト。

また、仕事面についてはこんなアドバイスもいただきました。

「これまでは頼まれた仕事を片っ端から引き受けてきたみたいですけど、今後は数を絞ってクオリティにこだわることで出世の相が見られますよ。書くだけでなく、人前でお話しするような仕事も増やしていくとよりいいですね」

たしかに僕は、後先を考えず仕事を請けて、馬力でどうにかしようとするきらいがあり、これはわりと心に刺さる助言でした。このままではいけない、と薄っすら感じていたのを見透かされたような気分です。それに、たまに声がかかるラジオの仕事も、毎回楽しく喋《しゃべ》らせてもらっていることも、しおりさんの言葉を裏付けているような気がしました。

問題は後半戦です。

僕が何の気なしに「また結婚を目指してもいいものでしょうか」と問いかけたところで、しおりさんの視点がまた僕の肩口に向かいました。

「もちろんですよ。友清さんの場合は相性の悪い人というのがあまり見当たらないので、自分の感性を大切にしながらお相手を選べば大丈夫」

「なるほど、心強いお言葉です」

「ところで――、友清さんのお部屋、リビングのソファのあたりに三人ほど女性がいらっしゃるんですけど、お心当たりはありますか？」

「……え」

それまでと変わらない、ごく自然な口調で言われたので思わず聞き流しそうになりました。

「それは、あの、どういう三人ですか。霊的なあれですか」

「そうですね、三人のうちの二人は。でもお一人は生きている方ですね」

ちょっと待ってほしい。絵空事であったとしても、今住んでいる家にお化けがいるというのは、あまりにもショッキングです。しかも一人は生きているって……完全に空き巣じゃないですか。

「僕、独り暮らしなんですけど……」

もちろん合鍵を渡した相手もいません。

「ああ、この生きているお一人は、念ですね。その方の想いがお部屋に残っているんです」

それはそれでおっかねえと思いつつ、やり取りを続けます。

「つまり生霊ってことですか？」

「まあ、そうですね。私は波動と呼んでいますけど」

「しおりさんには、三人の姿がそれぞれはっきり視えているんですか？」

「そうですね」

「ちなみにどんな女性です？　とくにその、生きている女性というのは僕の知っている人なんでしょうか」

「たぶん面識のある方だと思いますよ。わりと髪の長い女性です」

ヒントが少なすぎてわかりません。というか、髪の長い知人女性など数え上げればきりがない。

「これ、除霊とかお祓《はら》いとかしたほうがいいんでしょうか」

「ああ、いえいえ。三人とも悪意を持っているわけではなくて、むしろ好意の延長なので害はありません。ずっと居続けるものでもないですし」

それにしても……。鵜呑《うの》みにしたわけではないものの、突然のことに戸惑いまくる僕。

そして、ずっと気になっているのが「リビングのソファのあたり」というフレーズです。

僕はこれまでしおりさんに部屋の間取りを説明したことは一度もないので、そもそもリビングがある物件なのかも、テーブルではなくソファを置いているのかも、彼女には判断材料がないはずです。いわば低くない確率で外しそうなことを、彼女はさらりと指摘したわけで、僕がよく言うところの〝インチキならまずやらない〟手法と言えます。

続いて、さらに決定的な言葉がしおりさんの口から飛び出しました。

「ただ、その女性たちがどうというよりも、寝室のほうのクローゼットに、前の奥さんの物がまだ残ってますね。これは処分したほうがいいでしょう」

「………！」

寝室のほうのクローゼット。たしかに我が家には、僕の仕事部屋と寝室それぞれにクローゼットがあります。これぞまさしく、「なんでそんなことまでわかるんですか！」という衝撃でした。

「あのう、しおりさんには僕の家の間取りまで視えちゃってるんですか」

おずおずと尋ねると、しおりさんはにっこりと微笑《ほほえ》みながら「そうですね」と頷《うなず》くではありませんか。

この日、帰宅してからすぐに、僕は〝寝室のほう〟のクローゼットの棚卸しに着手しました。するとしおりさんの言う通り、前妻の衣類の一部がいくつか出てきたので、すぐ捨てに行きました。

いや、何年か一緒に暮らしたのですから、物が多少残っていること自体に驚きはありません。むしろ探せばまだ他にもあるでしょう。問題はそれを、我が家に来たこともない人に間取りごと指摘されたことです。

しおりさんいわく、前妻はこの時点でまだ結婚生活に未練があったようで、この部屋での暮らしに戻りたいという願望が心に残っているのだそう。それはまあ、そうでしょう。我が家は極めて交通の弁のいい場所にありますし、二人で暮らすには十分な広さです。僕にしても、この快適な環境を手放したくないからこそ、不愉快な思い出に目をつぶりながらここで生活を続けているわけです。

しおりさんは本物かもしれない。そんな率直な気持ちを、しおりさんを紹介してくれた美容師に告げたところ、「そうでしょ」と、さも当然のように流されてしまいました。たぶん、「だから何度も言ったじゃない」と続けたかったに違いありません。

もちろん、しおりさんが本当に本物なのかは、僕にはわかりません。ただ、ここで述べた以外にも、（ここに書きたくない）僕のプライベートに踏み込んだ、驚くべき指摘がいくつかあったのは事実です。

思えば、初回の時のしおりさんが比較的おとなしかったのは、人見知りのようなものかもしれません。霊能者も人の子。初対面より二度目のほうがいくらかリラックスして、本領を発揮したということは十分に考えられます。

ともあれ、本物なのであれば、僕をもっともっと驚かせてほしい。そんな思いから、僕はこれ以降も引き続き、八カ月に一度程度のペースでしおりさんのカウンセリングを受け続けています。

ただし、しおりさんにどこを見られてもいいように、念入りに掃除をしてから出掛けるようになったのは言うまでもありません。

おわりに――「本物」は存在するのか、という疑問に対する一応の結論

　霊能者を自称し、それを職業として対価を稼ぐ。考えれば考えるほど、これは極めて大胆な決断に思えてなりません。

　だって、そうでしょう？　もしも自分がインチキだと自覚しているのだとすれば、大の大人を前に、やれ「オーラがどう」とか「前世はこう」などと真顔で語って報酬《ほうしゅう》を得るなんて、よほどの勇気がなければやれることではありません。

　だからもしかすると、僕がこれまで対峙《たいじ》してきた霊能者の皆さんは、少なくとも本人は何らかの能力を自覚しているのではないか（錯覚や思い込みを含むとしても）、そう思わされることもしばしばでした。

　僕は本書の中でたびたび、「前世とオーラは言ったもん勝ち」というスタンスを覗《のぞ》かせていますが、逆に言うと、彼らがおしなべて本物である可能性だって否定できません。本人が「視《み》える」と明言するものを否定することは、悪魔の証明に近いからです。

　しかしそれでも、論じるに値しないほどやり口が稚拙《ちせつ》で、本書の中で取り上げるに至らなかった泡沫《ほうまつ》霊能者もまた数知れず。その中からどうにか本物の痕跡を見つけ出そうと暗中模索する日々は、我ながら実に酔狂な旅路でした。

本書は四半世紀にわたる僕の活動から、とりわけ印象的なエピソードを選りすぐって一冊にまとめたものです。あえて時間軸を統一することはせず、近年の体験から十数年前の体験まで混在していることをご容赦ください。

また、インチキの手口を周知したい気持ちはあっても、相手方の商売を邪魔したい意図《いと》はなく、実名を伏《ふ》せていることはもちろん、場合によっては地域をぼかしたり、紹介者に迷惑が及ばないようほんの少しだけエピソードをアレンジしたりしていることをご了承いただきたく思います（もっとも、ネット検索で特定できてしまう先生も少なくないようですが）。

それでも間違いなく言えることは、ここに綴《つづ》った僕自身の体験には嘘も脚色もなく、もし読者の皆さんにとってにわかに信じがたいエピソードがあったとしても、それはすべて誇張のない真実です。というよりも、時折それなりに本物めいた霊能者に出会えたからこそ続けられた活動であり、その驚きや感動を共有したいと強く思ったことが、筆を執《と》るきっかけでもありました。

ちなみに、この期に及んであえて〝本物めいた〟と曖昧《あいまい》な物言いをしたのは、いまなお僕自身がその真贋に確信を持てずにいるからです。意外とやんわり何かを言い当てられて〝ビビッ〟と来た霊能者もいれば、現代科学ではちょっと説明し難い助言に〝ビビビッ〟と来た霊能者も存在していますが、振り返ってみればいずれも、「あの体験は何だったのだろう？」と、泡沫の夢のごとく奇妙な余韻《よいん》を残し、僕の日常生活から霧散《むさん》しています。

つまるところ、間違いなく奇妙な体験はしたけれど、「本物」が存在するのかどうか、僕はいまだに結論を出せずにいるわけです。

自ら「視える」と騙《かた》る御仁《ごじん》には、少なからずインチキが存在しているのは間違いありません。なかには「これなら僕のほうがうまくやれるよ……」と感じるレベルの先生も少なくなく、だったら最初から、易学《えきがく》や統計学など何らかのエビデンスに基づいた占い師を訪ねたほうが、納得する人は多いのかもしれません。

せめて、オーラや前世といった不確かなものばかりではなく、「この壁の向こうにあるものが視えます」と言うなら見事なものですが、在野《ざいや》の自称霊能者にその場で正解が確認できるものを「視える」と言う人はまずいません。そこにひとつの答えがあるようにも思えてしまいますが……。つまり僕の猜疑心《さいぎしん》は晴れぬまま。結論は「調査続行」ということで、引き続き問答無用で信じざるを得ない辣腕《らつわん》霊能者を求めて、東奔西走《とうほんせいそう》することに致しましょう。

最後に、本書の刊行にあたって大変多くの方のお世話になりました。装画はかねてから個人的に大ファンであったイラストレーターのうのきさんにダメ元でお願いし、ご快諾いただきました。それがまさか、こうして自分の似顔絵を描いていただける機会になろうとは！　ありがとうございました。たくさんいただいたラフ案も含めて家宝に致します。

また、いくつかのエピソードに印象的な挿画を描いてくださったイラストレーターの斉田直《さいだなお》世《よ》さんにも、心よりの感謝を申し上げます。それぞれ、あまり実物に似すぎていてもよくないと配慮し、作画について細かい指示は一切出さなかったのに、どのイラストも僕が実際に会った人たちにそっくりで驚きました。斉田さん自身、高い霊感の持ち主とお見受けしました！

このほか、酒場での他愛ないトークから「それ、うちで連載してくださいよ」と軽やかにネタを拾い上げてくださった小学館の庄野樹《しょうのいつき》さん。書籍化の作業を担ってくださったPHP研究所の兼田将成《かねだまさなり》さん。日々、僕に有用なネタをたれ込んでくれる友人知人の皆さん。数え上げれば本当にきりがないほど多くの皆さんに感謝を申し上げます。

そうだ、ご先祖様にもあらためてお礼を言っておかなければ。いつも護《まも》っていただき、ありがとうございます。貴方方《あなたがた》の末裔《まつえい》はなんだか微妙《びみょう》な物書きに仕上がりつつありますが、どうか寛大な気持ちで見守っていただければ嬉しいです。いつか〝本物〟の霊能者を通して、直接お礼を言わせてくださいね。

二〇二五年一月吉日

友清　哲

〈著者略歴〉
友清 哲（ともきよ　さとし）
神奈川県横浜市出身。フリーライター。ルポルタージュを中心に著述を展開中。
主な著書に『日本クラフトビール紀行』『物語で知る日本酒と酒蔵』（以上、イースト新書Q）、『横濱麦酒物語』（有隣堂）、『一度は行きたい「戦争遺跡」』（ＰＨＰ文庫）、『怪しい噂 体験ルポ』『R25 カラダの都市伝説』（以上、宝島SUGOI文庫）、『作家になる技術』（扶桑社文庫）などがある。

本書は、小学館のWEBサイト「小説丸」に掲載された「スピリチュアル探偵」2019年９月～2021年２月（第１回～第19回）に加筆修正を行ない、新たに〈CASE20〉を加え、改題したものです。

ルポ〝霊能者〟に会いに行く
「本物」は存在するのか

2025年３月４日　第１版第１刷発行

著　者　友清　哲
発行者　永田貴之
発行所　株式会社ＰＨＰ研究所
東京本部　〒135-8137　江東区豊洲5-6-52
文化事業部　☎03-3520-9620（編集）
普及部　☎03-3520-9630（販売）
京都本部　〒601-8411　京都市南区西九条北ノ内町11
PHP INTERFACE　https://www.php.co.jp/
組　版　株式会社PHPエディターズ・グループ
印刷所　大日本印刷株式会社
製本所　株式会社大進堂

ISBN978-4-569-85869-2